Klett Lektürehilfen

Franz Kafka

Der Proceß

Für Oberstufe und Abitur

von Thomas Gräff

Inhaltsangabe der Lektüre als mp3-Download
unter http://www.klett-lerntraining.de
Klicken Sie bei Downloads Lektürehilfen an.

Sie können auch direkt auf die Seite gehen mit:
http://www.klett-lerntraining.de/main/bookset-03-books

Klett Lerntraining

Thomas Gräff, Gymnasiallehrer für die Fächer Deutsch und Musik in Saarbrücken und Lehrbeauftragter für Literaturdidaktik an der Universität des Saarlandes.

Die Seitenangaben zum Roman beziehen sich auf die Ausgabe:
Franz Kafka, Der Proceß. Mit Materialien. Reihe: Editionen für den Literaturunterricht. Ernst Klett Schulbuchverlage, Stuttgart/Leipzig 2006

Bibliographische Information Der Deutschen Nationalbibliothek
Die Deutsche Nationalbibliothek verzeichnet diese Publikation in der Deutschen Nationalbibliografie; detaillierte bibliografische Daten sind im Internet über http://dnb.dnb.de abrufbar.

Auflage 4 3 2 1 | 2018 2017 2016 2015
Die letzten Zahlen bezeichnen jeweils die Auflage und das Jahr des Druckes.
Dieses Werk folgt der reformierten Rechtschreibung und Zeichensetzung. Ausnahmen bilden Texte, bei denen künstlerische, philologische oder lizenzrechtliche Gründe einer Änderung entgegenstehen.

www.klett-lerntraining.de
Redaktion: Günter Maier
Umschlagfoto: bpk, Berlin
Satz: DOPPELPUNKT, Stuttgart
Druck: Beltz Bad Langensalza GmbH
Printed in Germany
ISBN 978-3-12-923086-2

9 783129 230862

Inhalt

Kafka lesen

Kafkaesk als von dem Namen Kafka abgeleitetes Adjektiv ist in den allgemeinen Wortschatz aufgenommen worden. Das Wörterbuch bestimmt dessen Bedeutung doppelt. Zur Kennzeichnung eines literarischen Stils meint es: „in der Art der Schilderungen von Kafka“. Im übertragenen Sinne soll der Begriff „das auf rätselvolle Weise Bedrohliche“ bezeichnen. Wenn der Name eines Autors zur Bezeichnung eines literarischen Stils dient, muss dieser individuelle Stil des betreffenden Verfassers auf ganz besondere Weise charakteristisch sein und auch Nachahmer gefunden haben. Was heißt kafkaesk? Wie ist Kafkas Literatur?

Kafka ist rätselhaft. Die Welt in seinen Erzählungen und Romanen ist auf ganz besondere Weise in sich geschlossen, dem Leser bietet sich kein Eingang. Undurchschaubar, undurchdringlich, geheimnisvoll, dunkel präsentiert sich ihm diese Welt.

Kafka macht ratlos. Wie soll man sich als Leser zu dieser abgeschlossenen und doch vieldeutigen Welt einen Zugang verschaffen? Kein Anhaltspunkt lädt freundlich ein. Widersprüche sind nicht aufzulösen. Das Ungewöhnliche wirkt so merkwürdig normal.

Kafka ist bedrohlich. Das Ungewöhnliche wirkt so normal, und das Normale erscheint so gefährlich. Diese manchmal fiebertraumartig fremde Welt wirkt abstoßend und quälend.

Kafka fasziniert. Das Rätsel der Kafka'schen Welt macht neugierig und fordert zur immer neuen Beschäftigung heraus. In dieser Welt ist etwas von uns. Diese Bedrohung, diese Ängste und diese Widersprüche sind Teil von uns allen.

Kafka ist einzigartig.

Erst in den 1950er-Jahren hat Kafkas Literatur auf einem Umweg über das europäische und amerikanische Ausland ein breiteres Publikum im deutschsprachigen Raum erreicht. Die Universalität, das Geheimnis und die Vieldeutigkeit dieses Werkes haben daraufhin eine Deutungsflut hervorgerufen, wie sie in der Literaturwissenschaft nicht ihresgleichen hat. Eine kommentierte Bibliogra-

phie der Literatur über Kafka weist allein über 315 Titel nur über den *Proceß* aus. Die Vieldeutigkeit des Werkes ließ dabei eine Fülle der unterschiedlichsten und widersprüchlichsten Deutungen zu. So machen die Interpretationen zu Kafka meistens noch ratloser als das Werk selbst.
Dabei haben die Romane aufgrund ihrer universalen und grundlegenden Bedeutung auch zu wiederholten künstlerischen Auseinandersetzungen herausgefordert. Bisher ist *Der Proceß* viermal für eine Bühnenaufführung bearbeitet worden. Die Bearbeiter waren André Gide und Louis Barrault (1947), Jan Grossmann (1966), Peter Weiss (1975) und Steven Berkhoff (1976). Orson Welles hat den Roman 1962 verfilmt, David Jones 1992. Diese Bearbeitungen bemühen sich darum, sehr deutlich aufzuzeigen, wie genau und bedrückend *Der Proceß* die Erfahrungen unserer Zeit darstellt. Orson Welles zum Beispiel lässt Josef K. in der Anonymität einer Betonstadt agieren.
Wie nur wenige Autoren der Neuzeit hat Kafka das literarische Schaffen nach ihm beeinflusst, nicht nur in der deutschsprachigen Literatur. Manche literarische Strömungen des 20. Jahrhunderts sind ohne das Vorbild Kafka nicht denkbar. Franz Kafka ist eine der wichtigsten unter den zentralen Persönlichkeiten der modernen Literatur.
Im Rahmen der Auseinandersetzung mit Kafkas Werken ist immer wieder die Frage nach ihrer Deutbarkeit aufgetaucht. Angesichts der unterschiedlichen und sich widersprechenden Meinungen der Texte liegt diese Frage durchaus nahe.
Doch wie dem auch sei, die Auseinandersetzung mit Kafka lohnt sich. Wer den Mut und die Geduld aufbringt, sich mit der spröden und kargen Sprache der befremdenden Welt Kafkas auseinanderzusetzen, lernt mit dem Roman *Der Proceß* eines der beeindruckendsten Werke der deutschen, ja der Weltliteratur kennen, ein Werk, das den Leser womöglich das Leben lang nicht mehr loslässt, ein Werk, das auf seine Art dazu angetan ist, den Horizont zu verändern.

Der Inhalt des Romans

www.klett-lerntraining.de

Zur Textgestalt

→ Kafka hat den Roman nicht vollendet und selbst keine endgültige Fassung festgelegt. → Aus seinem Nachlass wurde die Originalfassung erstellt, die auch unvollendete Kapitel enthält.	Ein unvollendeter Roman

Kafkas Vermächtnis

Franz Kafka hat kurz vor seinem Tode testamentarisch die Vernichtung des unvollendeten Manuskripts zu seinem Roman *Der Proceß* verfügt. Sein Freund und Nachlassverwalter Max Brod entschloss sich trotzdem im Jahre 1925 zu einer Herausgabe des Werkes und begründete seine mangelnde Loyalität dem toten Freund gegenüber mit der Unglaubwürdigkeit dieser Verfügung; seiner Meinung nach hätte Kafka sonst die Vernichtung des Manuskripts selbst vorgenommen – wie es auch in anderen Fällen geschehen ist – anstatt es ihm auszuhändigen.

Textausgabe von Brod

Da Kafka die Veröffentlichung des Werkes nicht selbst vorbereitet hat, enthält die Textgestalt einige Ungereimtheiten. Die von Max Brod aus dem Manuskript erstellte Textfassung ordnete die vollendeten Kapitel in der von ihm festgelegten Reihenfolge, nannte ergänzend von Kafka gestrichene Textstellen und bot in einem Anhang die unvollendet gebliebenen Kapitel. Diese von Brod hergestellte Reihenfolge und Fassung ist in der Literaturwissenschaft wiederholt diskutiert und kritisiert worden. Brod hat bei seiner ersten Ausgabe des Werkes versucht, ihm den Anschein des Unvollendeten und Fragmentarischen zu nehmen. Er hat wohl auch aus diesem Grunde leichte Veränderungen am Text vorgenommen. Dieser insgesamt unbefriedigenden Situation versucht die Kritische Ausgabe von sämtlichen Werken Kafkas, die seit 1982 betrieben wird, abzuhelfen. Die Ausgabe des Romans *Der Proceß* folgt dem Text der Handschrift des Autors in ihrem letzten erkennbaren Zustand. Die von Kafka fertiggestellten Kapitel werden durch von Kafka überlieferte Kapitelfragmente im Anhang ergänzt. Dabei ist auch die von Kafka selbst angewandte Orthogra-

Problem der Reihenfolge

Kritische Ausgabe

phie und unregelmäßige Interpunktion rekonstruiert worden. Die historisch-kritische Faksimile-Ausgabe der Handschriften zum *Proceß* von 1997 (dort heißt es auch *Der Prozess*!) versucht gar nicht eine mögliche Romangestalt zu rekonstruieren, sondern veröffentlicht jedes einzelne Kapitel und Fragment in einem eigenen Band, der jeweils das Faksimile der Handschrift Kafkas und die Anmerkungen der Herausgeber enthält. Die der vorliegenden Lektürehilfe zugrunde gelegte Ausgabe der Ernst Klett Schulbuchverlage entspricht dem Text des Romans in der Kritischen Ausgabe von 1990.

Das Geschehen

Verhaftung

Die Verhaftung Josef K.s	
	➟ Josef K. wird verhaftet, ohne dass er sich eines Vergehens bewusst ist. ➟ Die Vertreter des Gerichts weisen ihre Legitimation nicht nach und nennen K. keine Gründe für seine Verhaftung. ➟ Unter Beobachtung kann K. sein gewohntes Leben fortsetzen.

Der Romananfang

„Jemand mußte Josef K. verleumdet haben, denn ohne daß er etwas Böses getan hätte, wurde er eines Morgens verhaftet." (3) – Der einleitende Satz des Romans ist in gleichem Maße rätselhaft wie bedeutungsvoll. Gleichzeitig vermittelt er dem Leser eine vermutete, aber nie bestätigte Vorgeschichte (die Verleumdung) und das Ergebnis des ersten Romanabschnitts (die Verhaftung). Mit der auch später nicht weiter konkretisierten Kategorie „Jemand" weist der Satz auf die grundsätzliche Anonymität der K. entgegentretenden Instanz hin. Die Josef K. einzig mögliche Vermutung deutet die Unsicherheit des Feststellbaren und die prinzipielle Unerklärlichkeit der Vorgänge im Roman an. Das Passiv als Erleidensform bringt die anonyme Bedrohung genauso wie die Zwangsläufigkeit der Ereignisse zum Ausdruck.

Kreisbewegung der Romanhandlung

Josef K. als Haupt- und Perspektivfigur

Mit der Vermutung „Jemand mußte Josef K. verleumdet haben" wird der Leser auf die Perspektive der Hauptperson Josef K. festgelegt, denn es ist niemand sonst, der diese Vermutung hat. Auch im folgenden Erzählverlauf bleibt der Leser an K.s Perspektive gebunden. In dieser Hinsicht wirkt es jedoch merkwürdig, dass der Satz mit der Verhaftung ein Ergebnis mitteilt, das die Haupt- und Perspektivfigur zu diesem Zeitpunkt noch nicht kennen kann. Dieser Bruch in der sonst streng durchgehaltenen Erzählstrategie fordert einerseits die Neugier des Lesers heraus, andererseits ermöglicht er ihm, das Zustandekommen der Verhaftung und das Verhalten Josef K.s hierzu zu beobachten.

Bruch in der Erzählperspektive

Der unvermittelte Beginn des Romans wird später an keiner Stelle durch nähere Erläuterungen, Bezüge, Orts- oder Zeitangaben ergänzt. Dadurch gewinnt der überraschende Einbruch eines ungewöhnlichen Ereignisses in Josef K.s Leben eine befremdliche Selbstverständlichkeit. In dieser Beziehung erinnert der Beginn an andere Texte Kafkas, in denen die Figuren in ganz selbstverständlicher Weise von ungewöhnlichen Ereignissen heimgesucht werden. So entdeckt in der Erzählung *Die Verwandlung* Gregor Samsa ebenfalls beim morgendlichen Erwachen, dass er sich in ein ungeheures Ungeziefer verwandelt hat. Josef K., Prokurist einer Bank in einer nicht näher bezeichneten Stadt, wird also am Morgen seines dreißigsten Geburtstages – in einem nicht näher bestimmten Jahr – aus dem Bett heraus verhaftet. Durch das Ausbleiben des gewohnten Frühstücks kündigt sich Josef K. das ungewöhnliche Ereignis an. Auf sein Läuten hin sieht er sich zunächst mit zwei, später mit drei Männern konfrontiert, die „er in dieser Wohnung noch niemals gesehen hatte“ (3). Auf K.s Proteste gegen die Störung und das Vorenthalten des Frühstücks teilen sie ihm eher beiläufig mit, dass er verhaftet sei. K. sträubt sich innerlich gegen diese Mitteilung, er hält sie zunächst für einen Spaß. Trotzdem spürt er eine schleichende Macht der Leute über ihn; er tut Dinge, die er so eigentlich gar nicht tun will: „Es fiel ihm zwar gleich ein, daß er das nicht hätte laut sagen müssen und daß er dadurch gewissermaßen ein Beaufsichtigungsrecht des Fremden anerkannte.“ (Ebd.) Er tritt „langsamer“ ins Zimmer ein, „als er wollte“ (4). Später muss er sich regelrecht von ihnen losreißen: K. „machte eine Bewegung, als reiße er sich von den zwei Männern los, die aber weit

Unvermittelter Beginn

Selbstverständlichkeit des Ungewöhnlichen

Einbruch des Ungewöhnlichen in den Alltag

Macht über K.

von ihm entfernt standen“ (ebd.). „[I]n Gegenwart dieser Leute konnte er aber nicht einmal nachdenken“ (5).

Fehlen einer Legitimation

K.s Versuche, die Identität der Behörde, die sich durch so merkwürdige Beamte vertreten lässt, sowie die Legitimation der Beamten zu klären, schlagen fehl. Nicht nur das Verhalten der Wächter ist seltsam und grotesk; sie versuchen ihm sein Nachthemd abzuhandeln, essen sein Frühstück auf, klopfen ihm auf die Schulter und stoßen mit dem Bauch an ihn. Auch ihre Antworten sind geheimnisvoll. Sich selber bezeichnen sie als niedrige Angestellte einer hohen Behörde, die sie selbst nicht genau kennen. Infolgedessen wissen sie von K.s Angelegenheit nichts: „[…] ja wir wissen sogar von ihr fast nichts. […] Ich kann Ihnen auch durchaus nicht sagen, daß Sie angeklagt sind oder vielmehr ich weiß nicht, ob Sie es sind. Sie sind verhaftet, das ist richtig, mehr weiß ich nicht.“ (12) Ihre Auskünfte über ihre Behörde sind ebenfalls rätselhaft: „Unsere Behörde, soweit ich sie kenne, und ich kenne nur die niedrigsten Grade, sucht doch nicht etwa die Schuld in der Bevölkerung, sondern wird wie es im Gesetz heißt von der Schuld angezogen und muß uns Wächter ausschicken. Das ist Gesetz.“ (7) Damit ist erstmals das Wesen des Gerichts als nicht juridisches angedeutet.

Undurchschaubarkeit der Behörden

„Von der Schuld angezogen“

K.s Schutzverhalten

K. versucht, durch ein herrisches Verhalten seine „Überlegenheit“ (8) zu wahren und nach außen hin zu demonstrieren. Obwohl der Erzähler den Leser ausschließlich auf K.s Perspektive und Innensicht festgelegt hat, gelingt es ihm doch, K.s Bewusstsein durch den Widerspruch zwischen dem, was er vorgibt, und seinen beobachtbaren Reaktionen zu ironisieren. Zunehmend beugt er sich der Gewalt der Wächter über ihn. Er fügt sich ihren Anordnungen, unterbreitet den Rock, den er anziehen soll, ihrem Urteil (9), erschrickt heftig, während er einen Schnaps trinkt, um „sich Mut zu machen“ (ebd.), und gerät zunehmend „in eine gewisse Aufregung“ (12). Auch lässt er sich von dem Aufseher trotz – oder gerade wegen – seiner Erlaubnis von seinem Vorhaben abhalten, mit einem befreundeten Staatsanwalt in dieser Angelegenheit zu telefonieren.

Auch sein letzter Versuch, die Verhaftung als Spaß abzutun und zu verdrängen, schlägt fehl: „Ich bin der Ansicht, daß es am besten ist, über die Berechtigung oder

Nichtberechtigung Ihres Vorgehens nicht mehr nachzudenken und der Sache durch einen gegenseitigen Händedruck einen versöhnlichen Abschluß zu geben." (13) Der Aufseher verweigert K. den Handschlag als Versöhnungsgeste. Doch überrascht er K. mit der Mitteilung über das Wesen der Verhaftung: „Sie sind verhaftet, gewiß, aber das soll Sie nicht hindern, Ihren Beruf zu erfüllen. Sie sollen auch in Ihrer gewöhnlichen Lebensweise nicht gehindert sein." (14) Das „Verhaftetsein" (ebd.) ist also weniger als Freiheitsentzug zu verstehen denn im ganz wörtlichen Sinne. K. wird im gesamten Verlauf des Romans mit seinem Bewusstsein und seinen Gedanken nicht mehr vom Gericht und seinem Prozess loskommen. Wie sehr der Leser alles nur aus der Sicht der Perspektivfigur Josef K. wahrnimmt, zeigen die abschließenden Passagen des ersten Abschnitts. Als Begleiter in die Bank werden K. drei junge Mitarbeiter der Bank zur Verfügung gestellt. Zwar hat K. diese drei Männer vorher schon wahrgenommen, doch erst jetzt, als seine Aufmerksamkeit auf sie gelenkt wird, erkennt er sie, und der Leser erfährt ihre Identität. Auch das Weggehen des Aufsehers und der Wächter entgeht K.s Aufmerksamkeit. K. fährt in Begleitung der drei jungen Männer zur Arbeit in die Bank. Mit der Zugehörigkeit der drei noch nicht einmal bedeutenden Mitarbeiter aus K.s Arbeitsumfeld zum Gericht dokumentiert sich der Einbruch der von der Gerichtswelt symbolisierten Gefahr in alle Bereiche von K.s normalem Alltag.

Wesen der Verhaftung

Fixierung auf das Gericht

Bankangestellte als Teil der Macht

Trotz der Beschränkung der Erzählperspektive auf die Sicht Josef K.s kann der Leser wichtige Beobachtungen über diesen machen. Sein Überlegenheitsgefühl veranlasst ihn zu einem offensiven Verhalten, welches subtil mit seinen unwillentlichen beziehungsweise mit vorgeschobenen Gründen gerechtfertigten Reaktionen kontrastiert. Eine enge Verschränkung der Vorgänge in K.s Bewusstsein mit denen der äußeren Welt deutet sich erstmals an; K.s Bewusstsein wird stark beeinflusst, und der Leser muss sich fragen, in welchem Grade die aus K.s Sicht mitgeteilten Verhaltnisse außerhalb dessen Bewusstsein existieren.

Gegensatz zwischen innerer und äußerer Verfassung

Doch das grundlegende Paradox des Romans formuliert der Wächter Franz: „Sieh Willem er gibt zu, er kenne das Gesetz nicht und behauptet gleichzeitig schuldlos

Widerspruch in K.s Behauptungen

zu sein." (7) K. verteidigt sich gegen eine Klage und ein Gesetz, die er nicht kennt. Er weiß nicht, was ihm vorgeworfen wird, und erfragt es auch nie. Daher muss seine Behauptung der Schuldlosigkeit fragwürdig bleiben.

Regelmäßigkeit in K.s Leben

Zu Beginn des folgenden Abschnitts erfährt der Leser einige Einzelheiten über Josef K.s Lebensstil und Tagesablauf. Sein Leben ist fast ausschließlich von seiner Pflichterfüllung in der Bank bestimmt. Auch in die spärliche Freizeit reichen noch berufliche Kontakte hinein. Im strengen Tages- und Wochenablauf sind sogar die Besuche bei einer Frau fest eingeplant. Als Wohnung hat K. ein Zimmer in einer Pension gemietet, die eine Frau Grubach in ihrer Wohnung betreibt. Dort wohnen noch andere Personen, von denen zwei, insbesondere die Zimmernachbarin Fräulein Bürstner, später für die Handlung bedeutsam werden.

Die Gespräche mit Frau Grubach und Fräulein Bürstner

Der Beginn von Rechtfertigung und Verteidigung	
	➟ K. rechtfertigt sich vor Frau Grubach, seiner Vermieterin. ➟ Bei seiner Zimmernachbarin Fräulein Bürstner beginnt er die Suche nach Hilfe im Prozess. ➟ Er erzählt ihr von dem Prozess und empfindet ihr Verhalten als erotische Verlockung.

Am Abend seiner Verhaftung beschließt K., gleich nach Hause zu gehen, da er glaubt, dass „durch die Vorfälle des Morgens eine große Unordnung in der ganzen Wohnung der Frau Grubach verursacht worden sei und daß gerade er nötig sei, um die Ordnung wieder herzustellen. War aber einmal diese Ordnung hergestellt, dann war jede Spur jener Vorfälle ausgelöscht und alles nahm seinen alten Gang wieder auf." (17) Der Verdrängungsmechanismus in K. setzt diesen absurden Gedanken frei, durch das Wiederherstellen der äußeren Ordnung auch das innere Gleichgewicht der Welt wiederherstellen zu können. Anders gesagt: Der Prozess existiert nur, so lange man ihn zulässt und anerkennt. Wieder wird der Leser auf die enge Verschränkung zwischen Bewusstsein und Realität hingewiesen. Die Frage drängt sich auf: Exi-

Beseitigung der Unordnung

stiert der Prozess überhaupt außerhalb von K.s Vorstellung? Im Gespräch mit Frau Grubach, die die Ordnung inzwischen wiederhergestellt hat, bagatellisiert K. die Vorfälle des Vormittags: „[Ich] halte es […] für überhaupt nichts. Ich wurde überrumpelt, das war es. Wäre ich gleich nach dem Erwachen, ohne mich durch das Ausbleiben der Anna beirren zu lassen, gleich aufgestanden und ohne Rücksicht auf irgendjemand, der mir in den Weg getreten wäre, zu Ihnen gegangen, hätte ich diesmal ausnahmsweise etwa in der Küche gefrühstückt, hätte mir von Ihnen die Kleidungsstücke aus meinem Zimmer bringen lassen, kurz hätte ich vernünftig gehandelt, so wäre nichts weiter geschehen, es wäre alles, was werden wollte, erstickt worden." (19)

Verpasste Weigerung gegen die Verhaftung

Abschließend erkundigt er sich nach Fräulein Bürstner, seiner Zimmernachbarin, in deren Zimmer das Gespräch mit dem Aufseher stattgefunden hat und bei der K. sich für das unerlaubte, doch von ihm eigentlich nicht zu verantwortende Eindringen entschuldigen zu müssen glaubt. Als Frau Grubach Fräulein Bürstners Ruf herabsetzt: „Ich habe sie in diesem Monat schon zweimal in entlegenen Straßen immer mit einem andern Herrn gesehn" (21), gerät K. in eine unverständliche Wut und ereifert sich für sie. Obwohl er mit ihr „nicht viel mehr als die Grußworte gewechselt hatte" (10), nimmt er sie nun in Schutz und behauptet: „ich kenne das Fräulein sehr gut" (21). Seine Beteuerung, mit der er Frau Grubach im Streit verlässt, „wenn Sie die Pension rein erhalten wollen, müssen Sie zuerst mir kündigen" (ebd.), wirft die Frage auf, ob sich damit bei ihm doch das bis dahin geleugnete Schuldbewusstsein einschleicht.

Streit mit Frau Grubach

Josef K. beschließt, die Heimkehr Fräulein Bürstners abzuwarten, und weiß scheinbar selbst nicht so genau warum: „Er hatte kein besonderes Verlangen nach ihr, er konnte sich nicht einmal genau erinnern, wie sie aussah, aber nun wollte er mit ihr reden." (22) Innerlich macht K. ihr sogar unberechtigte Vorwürfe: „[E]s reizte ihn, daß sie durch ihr spätes Kommen auch noch in den Abschluß dieses Tages Unruhe und Unordnung brachte. Sie war auch schuld daran, daß er heute nicht zu abend gegessen und daß er den für heute beabsichtigten Besuch bei Elsa unterlassen hatte." (Ebd.) Mehr oder weniger eindeutig geben die genau gewählten Formulierun-

Warten auf Fräulein Bürstner

gen die Richtung des folgenden Gesprächs vor. K. ist hungrig und richtet sein Verlangen und seine Begierde auf Fräulein Bürstner, zumal er sein gewohntes sexuelles Erlebnis entbehrt.

So gerät denn auch seine Anrede an Fräulein Bürstner, als sie später kommt, „wie eine Bitte, nicht wie ein Anruf“ (22). Sie lässt sich trotz der späten Stunde noch auf ein Gespräch ein, das er dann immer mehr in die Länge zieht. Nach seiner Entschuldigung erzählt er ihr von seinem Prozess, den sie ihm nicht glauben will, da er selber nicht weiß, um was es sich handelt (vgl. 24 f.). K. lässt es sich nicht nehmen, ihr die Vorgänge vom Morgen ausführlichst zu schildern. Im Verlaufe des Gesprächs spürt er immer mehr die von ihr ausgehende sexuelle Verlockung. „[N]un sahen sich beide zum erstenmal in die Augen“ (23). Auch an späteren Stellen des Romans werden immer wieder Augen als erster Anknüpfungspunkt einer erotischen Anziehung fungieren. Das Verhalten Fräulein Bürstners, das der Erzähler aus der Perspektive K.s wiedergibt, wird von K. als sexuell verlockend empfunden, und ihre laszive Haltung scheint auch Verlockung zu signalisieren; mehrmals lacht sie, und K. „war ganz vom Anblick des Fräulein Bürstner ergriffen, die das Gesicht auf eine Hand stützte – der Ellbogen ruhte auf dem Kissen der Ottomane – während die andere Hand langsam die Hüfte strich.“ (25) Sie gibt zu, „‚daß [sie] mehr erlaube, als gut ist‘“ (ebd.).

Erotische Anziehungskraft

Augenmotiv

Nach einem ersten flüchtigen Kuss von K. auf ihre Stirn steigert sich die Szene zu einem Höhepunkt, der schon fast animalische Züge aufweist: K. „lief vor, faßte sie, küßte sie auf den Mund und dann über das ganze Gesicht, wie ein durstiges Tier mit der Zunge über das endlich gefundene Quellwasser hinjagt. Schließlich küßte er sie auf den Hals, wo die Gurgel ist, und dort ließ er die Lippen lange liegen.“ (28) Später „schlief [er] sehr bald ein, vor dem Einschlafen dachte er noch ein Weilchen über sein Verhalten nach, er war damit zufrieden, wunderte sich aber, daß er nicht noch zufriedener war“ (ebd.).

Kussszene

Erste Untersuchung

→ K. wird zur ersten Untersuchung vorgeladen. → Obwohl er deren Ort und Zeit nicht kennt, findet er intuitiv den Saal zur rechten Zeit. → Er gerät in eine groteske Versammlung. → Auf die scheinbare Uninformiertheit des Untersuchungsrichters reagiert K. mit einer Rede, in der er das Gericht als Ganzes angreift und sich mehr dem Publikum als dem Richter zuwendet. → Die Verhandlung wird durch den sexuellen Übergriff auf die Waschfrau unterbrochen.	Die erste Verhandlung

Vorladung

K. erhält telefonisch eine Vorladung zum Gericht, die den bisher merkwürdigen Eindruck des Gerichts noch verstärkt. „[U]m K. in seiner beruflichen Arbeit nicht zu stören" (29), setzt man die Untersuchung auf Sonntag fest, ja bietet sogar Termine in der Nacht an. Auch die folgenden Darstellungen des Gerichts nehmen eine eigenartige Verschränkung von Realität und Unwirklichkeit vor.

Eingriff ins Berufsleben

Diese Vorladung stellt einen ersten massiven Eingriff in K.s berufliches Leben dar; er kann wegen ihr die für ihn so wichtige Einladung des Direktor-Stellvertreters, seines großen Rivalen in der Bank, nicht annehmen. Obwohl man ihm keine Uhrzeit für sein Erscheinen mitgeteilt hat, nimmt K. intuitiv die richtige Zeit an: Er „dachte […], daß es am besten sein werde, Sonntag um neun Uhr vormittag hinzukommen, da zu dieser Stunde an Werketagen alle Gerichte zu arbeiten anfangen" (30).

Intuitive Kenntnis des Termins

K. beschließt, sich dem Gericht ‚entgegenzustellen', „diese erste Untersuchung sollte auch die letzte sein" (29).

Da er etwas verschlafen hat, muss K. sich, „ohne zu frühstücken" (30), wiederum hungrig auf den Weg machen. Obwohl das ihm bezeichnete Haus in einer entfernten Vorstadt liegt, geht er zu Fuß dorthin, da selbst die Fahrt mit der Straßenbahn ihm als fremde Hilfe erschienen wäre. Noch glaubt K., auf fremde Hilfe verzichten zu können. Auf seinem Weg fühlt K. sich beobachtet, zunächst von den drei jungen Bankbeamten, die ihm begegnen, später vom „Untersuchungsrichter aus irgendeinem Fenster" (31).

Verzicht auf fremde Hilfe

Die Vorstadtstraße, in die ihn sein Weg führt, bildet eine

Schmutziges Vorstadtmilieu

abstoßende und bedrohliche („mörderisch“, ebd.) Kulisse. Schmutz, Unordnung, Lärm, Kinderreichtum und Armut prägen dieses Vorstadtmilieu. In dem bezeichneten Haus nimmt K. die ärmlichen, beengten und abstoßenden Verhältnisse durch die offen stehenden Türen wahr.

Suche nach dem Gericht

Das gesuchte Haus ist „ungewöhnlich ausgedehnt“ (ebd.). Wie K. intuitiv die richtige Uhrzeit erfasst hatte, findet er nun innerhalb des Hauses wie von selbst den Weg: Aus der Erinnerung an den Ausspruch des Wächters Willem, dass das Gericht von der Schuld angezogen werde, woraus eigentlich folgte, dass das Untersuchungszimmer an der Treppe liegen müsste, die K. zufällig „wählte“ (32), entscheidet er sich bei vier möglichen Treppen für die richtige. Im Haus fragt er nach einem erfundenen „Tischler Lanz – der Name fiel ihm ein, weil der Hauptmann, der Neffe der Frau Grubach, so hieß“ (33). Die Suche ist langwierig, aber trotzdem erfolgreich, K. „wurde auf diese Weise durch die Stockwerke gezogen“ (ebd.). Im fünften Stock wird er auf seine Frage hin von einer jungen Frau ganz selbstverständlich ohne Erstaunen hereingebeten, und er gerät tatsächlich in eine größere Versammlung. K. selbst erscheint der Erfolg seiner Suche mit Hilfe einer erfundenen Person unglaubhaft, und er „trat wieder hinaus und sagte zu der jungen Frau, die ihn wahrscheinlich falsch verstanden hatte: ‚Ich habe nach einem Tischler, einem gewissen Lanz gefragt?‘ ‚Ja‘, sagte die Frau, gehn Sie bitte hinein.‘“ (34)

Wiederholung des Augenmotivs

An der jungen Frau fallen K. die „schwarzen leuchtenden Augen“ (ebd.) auf. Es ist schon darauf hingewiesen worden, dass das Motiv der auffälligen Augen und des Augenkontakts immer im Zusammenhang mit erotischer Anziehung auftaucht.

Die Versammlung

Mit K.s Eintritt in die Versammlung verstärken sich die unwirklichen und traumhaft verfremdeten Elemente der Darstellung. K. bietet sich eine groteske Szenerie. Das nur ‚mittelgroße Zimmer‘, „das knapp an der Decke von einer Galerie umgeben war [...], wo die Leute nur gebückt stehen konnten und mit Kopf und Rücken an die Decke stießen“ (ebd.), so dass manche sich „Polster mitgebracht [hatten], die sie zwischen den Kopf und die Zimmerdecke gelegt hatten, um sich nicht wundzudrücken“ (35), ist von einem „Gedränge der verschiedensten Leute“ (34) dicht gefüllt. „Die meisten waren schwarz angezogen, in alten, langen und lose hinunterhägenden Feiertagsröcken." (Ebd.) Später empfindet K. diese Gestalten bei näherer Betrachtung als verkommen und gespenstisch bedrohlich: „Kleine schwarze Äuglein huschten hin und her, die Wangen hiengen herab, wie bei Versoffenen, die langen Bärte waren steif und schütter, und griff man in sie, so war es als bilde man bloß Krallen, nicht als griffe man in Bärte." (42) Infolge der Überfüllung ist die „Luft" im Saal „dumpf" (34), und es herrscht „nebelige[r] Dunst" (40).

Die Versammlung scheint einzig auf K. gewartet zu haben, denn ihre lärmende Unterhaltung wird sofort unterbrochen, als K., von einem kleinen, rotbäckigen Jungen (vgl. 34) zum Tisch des Untersuchungsrichters geführt, vom Untersuchungsrichter wegen seiner Verspätung gerügt wird. K. pariert die Rüge hochmütig-schlagfertig und erhält dafür von dem einen Teil der Anwesenden, die sich offenbar in zwei Parteien spalten, Beifall. Überhaupt scheint das bei der Verhandlung anwesende Publikum sehr an seinem Vergnügen interessiert zu sein. K. richtet im weiteren Verlauf der Verhandlung seinen Überzeugungswillen mehr auf das Publikum als auf den Untersuchungsrichter: „Er dachte nach, was er sagen könnte, um alle auf einmal oder wenn das nicht möglich sein sollte, wenigstens zeitweilig auch die andern zu gewinnen." (35) Auch der Untersuchungsrichter wendet sich direkt an das Publikum, er droht den Leuten auf der Galerie, und K. glaubt zu bemerken, dass er „mit einem Blick jemandem in der Menge ein Zeichen gab" (39).

Reaktion des Publikums

Die einleitende und in ihrer Verfehltheit befremdliche Frage des Untersuchungsrichters: „‚Sie sind Zimmermaler?'" (36) nutzt K., um in die Offensive zu gehen und in einer langen Rede das Gericht und seinen Zustand anzuprangern, und wendet sich dabei vorwiegend an das Publikum im Saal. K. sieht die verfehlte Frage des Untersuchungsrichters als „bezeichnend für die ganze Art des Verfahrens" (ebd.) an. Auch die in der Tat merkwürdigen Akten des Untersuchungsrichters in Form eines alten Schulheftes mit „eng beschriebenen, fleckigen, gelbrandigen Blättern" (37) befindet K. in ihrer Schmutzigkeit eines ordentlichen Gerichts für unwürdig. Er beklagt sich über die Wächter, die „sich beste-

K.s Angriffe auf das Gericht

Vorwurf von Schmutz und Korruption

chen lassen“ und ihm „unter Vorspiegelungen Wäsche und Kleider herauslocken“ (38) wollten. K. verschont auch die „Richterschaft hohen und höchsten Grades“ (41) nicht von seiner Anklage: „Und der Sinn dieser großen Organisation, meine Herren? Er besteht darin, daß unschuldige Personen verhaftet und gegen sie ein sinnloses und meistens wie in meinem Fall ergebnisloses Verfahren eingeleitet wird.“ (Ebd.) K. setzt also ungefragt seine Unschuld voraus und erkennt klar einige seltsame Eigentümlichkeiten des Gerichts. Wieder versucht er, seine Unbeteiligtheit und Überlegenheit zu demonstrieren: „Mir steht die ganze Sache fern, ich beurteile sie daher ruhig“ (40) und „Es ist mir vollständig gleichgültig“ (Ebd.). Er gibt vor, da er „es nicht sehr schwer nehme“ (38), sich an dieser Stelle ja lediglich für andere einzusetzen: „Für diese stehe ich hier ein, nicht für mich.“ (Ebd.) Was er wolle, sei „nur die öffentliche Besprechung eines öffentlichen Mißstandes.“ (ebd.) Er kommt auf seinen früheren Gedanken zurück, dass das Verfahren nur bestehen könne, wenn er sich darauf einlasse: „[E]s ist ja nur ein Verfahren, wenn ich es als solches anerkenne. Aber ich erkenne es also für den Augenblick jetzt an, aus Mitleid gewissermaßen.“ (36 f.) Der Leser wird den Eindruck nicht los, dass K. nach außen hin etwas vorzutäuschen und mit großen Worten zu rationalisieren versucht. Ein Hinweis auf K.s inneren Widerspruch findet sich im Text. Einerseits überlegt K., wie er das Publikum für sich gewinnen könne (35), andererseits sagt er jedoch laut: „Ich will nicht Rednererfolg“ (38).

Behauptung der Unschuld

K. schiebt das Verfahren von sich weg

K.s innere Widersprüche

K.s Rede wird durch einen eigenartigen Zwischenfall unterbrochen. Die Waschfrau, die ihm die Tür geöffnet hatte, hatte früher schon den Saal betreten. Doch nun wird die Versammlung durch ihr lautes Kreischen auf sie aufmerksam, und man sieht sie in der Ecke in einer Umarmung mit einem Mann. Da K. in diese Szene eingreifen will, begibt er sich ins Gedränge und entdeckt jetzt erst, dass alle Anwesenden, auch der Untersuchungsrichter, das gleiche Abzeichen tragen, er seine Rede also vor lauter Beamten, der „korrupten Bande, gegen die [er] sprach“ (42), gehalten hat. Er fühlt sich in dem Gedränge bedroht und wendet sich ab, um die Versammlung zu verlassen.

Unterbrechung von K.s Rede

Beamte als Publikum

Der Untersuchungsrichter, der während K.s Rede nichts gesagt hat, weist ihn abschließend zurecht: „Ich wollte Sie nur darauf aufmerksam machen, [...] daß Sie sich heute [...] des Vorteils beraubt haben, den ein Verhör für den Verhafteten in jedem Fall bedeutet." (43) K. hat offensiv das Gericht mit seiner Anklage angegriffen und dabei seine Unschuld behauptet, doch er weiß immer noch nicht, welche Klage gegen ihn erhoben werden soll, was man ihm vorwirft.

Tadel wegen Fehlverhalten

Im leeren Sitzungssaal – Der Student – Die Kanzleien

- Ohne erneute Vorladung sucht K. den Sitzungssaal wieder auf, obwohl dort keine Verhandlung stattfindet.
- Er schaut sich die abgegriffenen Gesetzesbücher an, die obszöne Darstellungen enthalten.
- Im Gespräch mit der Frau des Gerichtsdieners entsteht eine erotische Anziehung, und die Frau bietet sich K. an.
- Der Student taucht auf und bringt die Frau zum Untersuchungsrichter.
- Hier zeigt sich die wiederholte Verknüpfung der Gerichtswelt mit der Sexualität.
- K. folgt den beiden auf den Dachboden, wo er Gerichtskanzleien vorfindet.
- Die dort anwesenden Angeklagten machen einen verunsicherten und gebrochenen Eindruck.
- K. lernt den Auskunftgeber kennen, dem er aber keine Frage nach seinem Prozess stellt.
- In der dumpfen Atmosphäre der Kanzleien erleidet er einen Schwächeanfall und muss hinausgeleitet werden.

Weiteres Vordringen K.s in das Gericht

Obwohl K. beim Verlassen der Sitzung höhnisch gerufen hatte: „ich schenke Euch alle Verhöre" (43), wartet er in der folgenden Woche ständig auf eine neue Vorladung, und, obwohl diese ausbleibt, begibt er sich am kommenden Sonntag wieder zum Sitzungssaal. Doch der Sitzungssaal ist leer, es findet keine Sitzung statt.

Warten auf neue Vorladung

K. lässt sich mit der Frau, die ihm an diesem wie am vergangenen Sonntag die Tür geöffnet hat, auf ein Gespräch ein. Als Gegenleistung für eine freie Dienstwohnung müssen sie und ihr Mann, der Gerichtsdiener ist,

Die Frau des Gerichtsdieners

an Verhandlungstagen ihr Wohnzimmer ausräumen. Auch sonst verlangt der Dienst für das Gericht vollkommene Hingabe. Sie kann sich nicht gegen die Nachstellungen und Übergriffe des Studenten Berthold wehren; auch der Untersuchungsrichter hat an der Frau Gefallen gefunden. Ihr Mann muss dies aus Rücksicht auf seine berufliche Stellung dulden. Damit gewinnt die Gerichtswelt eine ungewöhnliche sexuelle Komponente.

Begehren der Gerichtsbeamten

Die Frau „hat die Gerichtsbeamten satt“ (46) und findet alles „ja so widerlich hier“ (45). Da sie sich von K.s Eingreifen „Besserung“ (ebd.) verspricht, wagt sie von ihrer Seite aus eine Annäherung an ihn, indem sie seine Hand fasst und ihm wegen seiner Augen Komplimente macht: „‚Sie haben schöne dunkle Augen [...], man sagt mir ich hätte auch schöne Augen, aber Ihre sind viel schöner. Sie fielen mir übrigens gleich damals auf, als Sie zum erstenmal hier eintraten.‘“ (46) Sie geht soweit, sich K. gänzlich anzubieten: „‚[...] dann geh ich mit Ihnen, wenn Sie mich mitnehmen, ich gehe wohin Sie wollen, Sie können mit mir tun, was Sie wollen, ich werde glücklich sein, wenn ich von hier möglichst lange Zeit fort bin, am liebsten allerdings für immer.‘“ (49 f.)

Erneutes Augenmotiv

Die Frau des Gerichtsdieners bietet sich K. an

K. bleibt in seinem Verhalten und in seinen Reaktionen widersprüchlich. Während er zunächst zugibt, „gezwungen worden [zu sein], hier einzugreifen, und zwar um meinetwillen“ (45), behauptet er später wieder, „daß [ihm] am Ausgang des Processes gar nichts lieg[e] und daß [er] über eine Verurteilung nur lachen werde.“ (47) Doch kommt ihm das Entgegenkommen der Frau zunächst sehr gelegen. Er bittet sie um Hilfe, sie soll ihm in die vermeintlichen Gesetzesbücher auf dem Tisch im Sitzungszimmer Einsicht gewähren, was sie ihm anfangs verwehrt hatte. Die Beschreibung dieser Bücher vermittelt dem Leser wieder ein traumartiges Bild vom Gericht. Die äußere Erscheinung der Bücher ist ebenso merkwürdig wie ihr Inhalt: „Es waren alte abgegriffene Bücher, ein Einbanddeckel war in der Mitte fast zerbrochen, die Stücke hiengen nur durch Fasern zusammen. [...] K. schlug das oberste Buch auf, es erschien ein unanständiges Bild. Ein Mann und eine Frau saßen nackt auf einem Kanapee, die gemeine Absicht des Zeichners war deutlich zu erkennen [...].“ (46) K. entrüstet sich über diesen Fund, überträgt seine Entrüstung auch auf das

Die Gesetzesbücher

Verwahrloster Zustand

Obszöne Darstellungen

Verhalten der Frau: „sie ist verdorben wie alle hier ringsherum […]“ (46) und bezweifelt, dass sie ihm helfen könne (vgl. 47).

K.s Interesse an Beziehungen

Obwohl er verkündet: „‚Ich besteche niemanden‘“ (48), ist K. durchaus interessiert, Beziehungen zu knüpfen und für sich auszunutzen, und gewinnt wieder mehr Interesse an der Frau, als sie ihm erzählt, dass sie den Untersuchungsrichter nicht nur gut kenne, sondern dass er sich sogar um sie bewerbe. Auch als er später dem Studenten Berthold gegenübersteht, scheint er mit den Gedanken, dass dieser „wahrscheinlich auch einmal zu höhern Beamtenstellen gelangen würde“ (49), den Wert von dessen Bekanntschaft für seine Sache insgeheim abzuschätzen.

K.s Rationalisierungen

K. glaubt immer noch, den Prozess sachlich und rational wie ein Geschäft abwickeln zu können, und schiebt ihn innerlich nach wie vor von sich weg. Alle Personen und Umstände, die im Zusammenhang mit dem Prozess stehen, versucht er sachlich auf ihren Wert hin zu prüfen.

Der Student

Das vertraute Gespräch zwischen der Frau und Josef K. wird durch das Auftauchen des Studenten Berthold unterbrochen. K. hatte ja bereits im ersten Kapitel zugegeben, das Gesetz nicht zu kennen, und auch jetzt bezeichnet er Berthold als „Student[en] der unbekannten Rechtswissenschaft“ (49). Als die Frau sich trotz ihrer Abscheu Berthold zuwendet, muss sich K. ihre erotische Anziehungskraft eingestehen: „Die Frau verlockte ihn wirklich. Er fand trotz alles Nachdenkens keinen haltbaren Grund dafür, warum er der Verlockung nicht nachgeben sollte.“ (50) Er träumt gar schon vom Besitz der Frau, davon dass „diese Frau am Fenster, dieser üppige gelenkige warme Körper im dunklen Kleid aus grobem schwerem Stoff durchaus nur [ihm] gehörte.“ (Ebd.)

Verlockung der Frau

Verschleppung der Frau

Doch zunächst muss er die Demuts- und Ergebungsgeste der Frau gegenüber Berthold und dessen ungeniertes Ausnutzen ihrer Hingabe zur Kenntnis nehmen: „Sie senkte tief den Kopf, als höre sie ihm aufmerksam zu, er küßte sie, als sie sich bückte, laut auf den Hals“ (ebd.). Berthold lässt sich von K.s Störversuchen nicht beeindrucken, sondern trägt die Frau kurzerhand weg. Diese wehrt ihrerseits K.s Rettungsversuche ab: „Es hilft nichts, der Untersuchungsrichter läßt mich holen, ich darf nicht mit Ihnen gehn“ (51). In ihre Ergebenheit mischt sich jedoch auch eine gewisse Zärtlichkeit dem Objekt ihrer Abscheu gegenüber: „‚[…] dieses kleine Scheusal', sie fuhr hierbei dem Studenten übers Gesicht, ‚dieses kleine Scheusal läßt mich nicht'“ (ebd.). K. empfindet dies als „die erste zweifellose Niederlage […], die er von diesen Leuten erfahren hatte“ (52). Seine Begründung erinnert an die des ersten Kapitels: „[…] er erhielt die Niederlage nur deshalb, weil er den Kampf aufsuchte. Wenn er zuhause bliebe und sein gewohntes Leben führen würde, war er jedem dieser Leute tausendfach überlegen und konnte jeden mit einem Fußtritt von seinem Wege räumen.“ (Ebd.)

K.s Niederlage

Der Aufgang zu den Kanzleien

Auf seiner Verfolgung der beiden machte K. eine erstaunliche Entdeckung, neben dem Aufgang zum Dachboden findet er „einen kleinen Zettel […] und las in einer kindlichen, ungeübten Schrift: ‚Aufgang zu den Gerichtskanzleien.'“ (52) Dieser ungewöhnliche Ort für Gerichtskanzleien, „wo die Mietparteien, die schon selbst zu den Ärmsten gehörten, ihren unnützen Kram hinwarfen“ (53), nimmt K. wieder etwas von der ohnehin geringen Achtung für das Gericht: „Das war keine Einrichtung, die viel Achtung einzuflößen imstande war“ (52 f.).

Begegnung mit dem Gerichtsdiener

Am Fuß dieser Treppe begegnet K. dem Mann der Frau, dem Gerichtsdiener. Auf dessen Frage nach seiner Frau gibt K. ihm wahrheitsgetreu Auskunft, woraufhin der Gerichtsdiener seiner aufgestauten Wut gegen den Studenten Luft verschafft. K. teilt die „Eifersucht“ (54) des Mannes. Der Gerichtsdiener kann aber wegen seiner Abhängigkeit vom Gericht nichts unternehmen. Er lädt K. zu einem Besuch in den Kanzleien ein.

Die Kanzleien auf dem Dachboden

Dass die Kanzleien auf dem Dachboden auch äußerlich dem gewohnten Aussehen eines Dachbodens entsprechen, wird den Leser zwar noch befremden, aber nicht mehr wundern. Bretterwände, Holzgitter und „roh gezimmerte Türen“ (55) prägen das Bild, das sich K. bietet. Auf den langen Holzbänken sitzen, geduldig wartend, Angeklagte. „Sie machten einen sehr bescheidenen Eindruck. […] Alle waren vernachlässigt angezogen, trotzdem die meisten nach dem Gesichtsausdruck, der Haltung, der Barttracht und vielen kaum sicherzustellenden kleinen Einzelheiten den höheren Klassen angehörten. […] Sie standen niemals vollständig aufrecht,

Die äußere Erscheinung der Angeklagten

der Rücken war geneigt, die Knie geknickt, sie standen wie Straßenbettler." (55 f.) Die äußere Erscheinung und Haltung zeigt an, wie mitgenommen sie durch ihren Prozess zu sein scheinen.

Verunsicherung und Gebrochenheit

Auf K.s Frage an einen von ihnen zeigt sich auch die innere Verunsicherung und Gebrochenheit der Angeklagten: „Die unerwartete Ansprache aber machte den Mann verwirrt, was umso peinlicher aussah, da es sich offenbar um einen welterfahrenen Menschen handelte, der anderswo gewiß sich zu beherrschen verstand und die Überlegenheit, die er sich über viele erworben hatte, nicht leicht aufgab." (56) Diese Beobachtungen müssen K. andeuten, was ihn erwartet. Merkwürdigerweise legt K. in dem Gespräch mit dem Angeklagten größten Wert darauf, von diesem als Angeklagter anerkannt zu werden. Warum tut er dies, da er seinem Prozess ja angeblich so distanziert gegenübersteht und wenige Augenblicke später den Eindruck vermeiden will, „als ob er verhaftet vorgeführt werde" (58)? K.s zunehmende Fixierung auf den Prozess deutet sich an.

K.s zunehmende Fixierung auf den Prozess

K.s „Verlangen, festzustellen, daß das Innere dieses Gerichtswesens ebenso widerlich war wie sein Äußeres" (59), ist plötzlich gestillt. Er fühlt sich „beengt" (ebd.) und glaubt, die Orientierung zu verlieren, obwohl es „der einzige Weg" (58) zurück zum Ausgang ist, auf dem er sich befindet. Dieser Orientierungsverlust scheint symbolisch K.s innere Verfassung zu spiegeln. Sein Unbehagen steigert sich zu einem Schwächeanfall mit vorübergehendem Bewusstseinsverlust, der ihn sich den Leuten dort „ausgeliefert" (60, 63) fühlen lässt. Ein Mädchen, eine junge Gerichtsbeamtin, und der Auskunftgeber des Gerichts, dessen elegante Kleidung das ohnehin skurrile Bild von den Kanzleien noch unwirklicher erscheinen lässt, sind hinzugekommen und nehmen sich des geschwächten Josef K. an. Die dumpfe und schwere Luft in den Kanzleien erinnert an die Atmosphäre im Gerichtssaal und scheint zum Gericht zu gehören.

Orientierungs- und Bewusstseinsverlust

Der Auskunftgeber

Dem Leser muss sich die Frage stellen, ob K.s Zustand der Bewusstseinstrübung nicht in einem kausalen Zusammenhang mit seiner Bekanntschaft mit dem Auskunftgeber zu sehen ist. Denn warum nimmt er das Angebot des Mädchens, „Er weiß auf alle Fragen eine

Antwort, Sie können ihn, wenn Sie einmal Lust dazu haben, daraufhin erproben" (61), nicht wahr? Hat nicht der Auskunftgeber mit seiner Meinung recht: „[...] er will sie ja gar nicht erfahren" (62)? „K. hatte nicht einmal Lust zu widersprechen." (Ebd.) An dieser Stelle begeht K. wohl mehr oder weniger bewusst wie schon vorher ein schweres Versäumnis und unterlässt die entscheidende Frage. Die beiden führen K., dem fast gänzlich die Sinne schwinden, zum Ausgang der Kanzleien, wo er sich schlagartig erholt: „Ihm war als wären alle seine Kräfte mit einem Mal zurückgekehrt [...] und lief dann die Treppe hinunter so frisch und in so langen Sprüngen, daß er vor diesem Umschwung fast Angst bekam." (64) Er erkennt, dass die Ursache für diesen Anfall in ihm liegen muss, doch betrügt er sich selber über die wahren Zusammenhänge. „Wollte etwa sein Körper revolutionieren und ihm einen neuen Proceß bereiten, da er den alten so mühelos ertrug?" (Ebd.) Für ihn ist nicht die psychische Bewältigung des Prozesses die Ursache für diese körperliche Schwäche. Der ins Auge gefasste Arztbesuch ist nichts als der pragmatische Vollzug der Verdrängung.

K. unterlässt die Frage

Verdrängte Erkenntnis

Der Prügler

Das Gericht an K.s Arbeitsplatz	➟ Die Sphäre des Gerichts dringt in K.s Arbeitsalltag ein. ➟ K. entdeckt in der Abstellkammer seiner Bank einen Prügler, der die beiden Wächter, über die K. sich bei der ersten Untersuchung wegen ihres Verhaltens bei seiner Verhaftung beschwert hatte, bestraft.

Als K. eines Abends besonders lange im Büro geblieben war, hörte er beim Verlassen der Bank „hinter einer Tür, hinter der er immer nur eine Rumpelkammer vermutet hatte, ohne sie jemals selbst gesehen zu haben, Seufzer ausstoßen" (65). Seiner „Neugierde" (ebd.) bietet sich eine groteske Szenerie. In der Rumpelkammer sind die beiden Wächter, die bei seiner Verhaftung anwesend waren, einem Prügler ausgeliefert, dessen Kleidung an die Szenerie einer sado-masochistischen Sexualphanta-

Geräusche in der Rumpelkammer

Groteske Szenerie

sie erinnert: „Der eine Mann, der die andern offenbar beherrschte und zuerst den Blick auf sich lenkte, stak in einer Art dunklern Lederkleidung, die den Hals bis tief zur Brust und die ganzen Arme nackt ließ." (Ebd.) Seine Gesichtsbräune scheint Kraft und Entschlossenheit anzuzeigen und steht im Kontrast mit anderen als bleich bezeichneten Gesichtern des Romans, z. B. denen der Henker.

Bestrafung aufgrund von K.s Beschwerde

Aus den Klagen der beiden Wächter erfährt K., dass sie zur Strafe geprügelt werden sollen, weil er sich über sie beim Untersuchungsrichter beschwert hat. Die Versuche K.s, der sich von den Klagen der beiden erweichen lässt, den Prügler durch Überredung oder Bestechung von seinem Vorhaben abzuhalten, misslingen. Auf die ersten Prügel reagiert Franz mit einem Schrei: „Da erhob sich der Schrei, den Franz ausstieß, ungeteilt und unveränderlich, er schien nicht von einem Menschen, sondern von einem gemarterten Instrument zu stammen, der ganze Korridor tönte von ihm, das ganze Haus mußte es hören." (68) K. ist dies so peinlich und die Furcht vor der Entdeckung so unerträglich, dass er, nachdem er die Tür zugeworfen hat (vgl. ebd.), den herbeieilenden Dienern gegenüber die Szenerie verleugnet: „‚[E]s schreit nur ein Hund auf dem Hof.'" (Ebd.) K. kann trotz seiner menschenverachtenden Bezeichnung des Wächters als „Hund" doch dessen menschliches Wesen nicht ganz leugnen, ‚schreien' passt nicht als Bezeichnung für die Lautäußerungen eines Hundes. Der Vergleich mit einem Hund wird noch an späteren Stellen den Höhepunkt der menschlichen Demütigung verdeutlichen.

K.s Verleugnung aus Furcht

Obwohl K. sich noch intensiv mit dem Erlebnis auseinandersetzt, weist er jede Schuld am Geschehen zurück. „Es quälte ihn, daß es ihm nicht gelungen war, das Prügeln zu verhindern, aber es war nicht seine Schuld, daß es nicht gelungen war, hätte Franz nicht geschrien, [...] so hätte K., wenigstens sehr wahrscheinlich, noch ein Mittel gefunden, den Prügler zu überreden." (69) Zwar gesteht K. zu, dass es sehr weh getan haben musste (vgl. ebd.), doch schiebt er die Schuld von sich weg und verlagert die Verantwortung auf Franz, indem er verlangt: „in einem entscheidenden Augenblick muß man sich beherrschen" (ebd.). Dass er sich überhaupt für die Wäch-

K.s Selbstrechtfertigung

ter einsetzt, hat für K. angeblich nicht seinen Grund in einem Schuldgefühl, sondern allgemein in seinem Kampf gegen das Gericht: „wenn er nun schon angefangen hatte die Verderbnis dieses Gerichtswesens zu bekämpfen, so war es selbstverständlich, daß er auch von dieser Seite eingriff.“ (Ebd.)

Wiederholung der Szene am nächsten Tag

Als K. am nächsten Tag die Bank verlassen will, entdeckt er in der Rumpelkammer die gleiche Szenerie, er wusste „sich nicht zu fassen“ (70). „Sofort warf K. die Tür zu und schlug mit den Fäusten gegen sie, als sei sie dann fester verschlossen. Fast weinend lief er zu den Dienern [...]. ‚Räumt doch endlich die Rumpelkammer aus!‘ rief er. ‚Wir versinken ja im Schmutz!‘“ (Ebd.) Immer wird im Roman die Welt des Gerichts mehr oder weniger ausdrücklich mit „Schmutz“ in Verbindung gebracht: die schmutzige Vorstadtstraße, die Häuser, das Verhandlungszimmer, das Heft und die Bücher des Untersuchungsrichters. Als Frau Grubach die Kündigung Frl. Bürstners wegen ihrer Meinung nach anstößigen Verhaltens erwogen hatte, hat K. mit dem Gegenbegriff zu Schmutz, „Reinheit“, (21) auf die Bedeutungsrichtung des Begriffes Schmutz hingewiesen, indem er für sich den Anspruch auf Reinheit verworfen hat. Die Verbindung der Gerichtswelt mit dem Anstößigen, sexuell Herausfordernden wird sich in späteren Szenen bestätigen.

Polarität Schmutz – Reinheit

Allgegenwart des Gerichts

Doch wieso findet die Bestrafungszeremonie für die Wächter in der Bank statt? Dass das Gericht allgegenwärtig zu sein scheint und an den ungewöhnlichsten Orten anzutreffen ist, weiß der Leser spätestens seit K.s Besuch der Kanzleien auf dem Dachboden. Mit dem Eindringen des Gerichts in die Bank rückt es K. buchstäblich immer näher, seine Unausweichlichkeit wird immer deutlicher: „die Strafe ist ebenso gerecht als unvermeidlich.“ (66)

Erzählperspektive

In diesem Kapitel zeigt sich wieder deutlich, dass der Erzähler alles aus der Perspektive der Hauptfigur berichtet. Der Leser ist also vollkommen dessen Bewusstsein und Erfahrung der Realität ausgeliefert. Ihm steht keine Instanz zur Verfügung, die es ihm ermöglichte, K.s Erfahrungen und Bewusstsein auf ihren Realitätsgehalt hin zu überprüfen.

Der Onkel – Leni

→ Mit dem Besuch von K.s Onkel wird deutlich, dass viele über den Prozess Bescheid wissen. → Der Onkel bringt ihn zu seinem Freund, dem Advokaten Huld, damit dieser die Verteidigung übernimmt. → K. verpasst die Gelegenheit, mit dem dort anwesenden Kanzleidirektor zu sprechen. → Stattdessen lässt er sich auf die Annäherungen des Dienstmädchens des Advokaten, Leni, ein.	Die Welt der Anwälte und der Frauen

Der Onkel

Der Besuch seines Onkels Karl bricht gleichsam über K. herein, obwohl bei K. schon seit etwa einem Monat feststand: „Der Onkel mußte kommen" (71). Diesem Onkel als „gewesenem Vormund" fühlt K. sich „besonders verpflichtet" (ebd.). Die Rolle des Vormunds nimmt der Onkel zum jetzigen Zeitpunkt noch wahr, er tut nichts anderes als K. zu bevormunden. Als Legitimation dafür, dass er sich seinem Neffen gegenüber als Autorität aufspielt, nennt er dessen Familienpflichten: „denke an Dich, an Deine Verwandte, an unsern guten Namen [...] Du darfst nicht unsere Schande werden." (73) Diese Bevormundung unterstreicht er durch sein ungeniertes, aufdringliches Verhalten, er „setzte sich auf den Tisch und stopfte unter sich, ohne hinzusehn, verschiedene Papiere, um besser zu sitzen." (71)

Bevormundung

Aufdringlichkeit, Ungeniertheit

Sorge wegen Prozess

Der Onkel ist zu K. gekommen, da er von dessen Prozess gehört hat und sich nun bei K. genauer informieren und auf K. und sein Verhalten bestimmend einwirken will. Seine übertriebene Geschäftigkeit lässt K. kaum Gelegenheit, abzuwarten, bis er seine Amtsgeschäfte abgeschlossen hat. Dadurch, dass der Onkel auf Umwegen von seinem Prozess erfahren hat, muss K. zur Kenntnis nehmen, wie weit offenbar die Kunde von seinem Prozess, auch in der Bank, mittlerweile verbreitet ist.

K. muss ihm gegenüber zugeben, dass er sich in einem Strafprozess zu verantworten habe. Als jedoch der Onkel auf seinen Hinweis, dass „es sich gar nicht um einen Proceß vor einem gewöhnlichen Gericht" (75) handele, ohne Erstaunen und so, als sei dies für ihn keine unbekannte Einrichtung, reagiert, kann K. seine Verwunderung über dessen scheinbare Kenntnis nicht verbergen.

Der Onkel als Eingeweihter

Wissensvorsprung der Romanfiguren vor K. und dem Leser

Und in der Folge verbleibt der Leser einmal mehr in der Situation, dass die Figuren der Handlung ihm gegenüber einen scheinbaren Wissensvorsprung haben. Sie stellen einfach Behauptungen auf, machen Aussagen, die scheinbar auf einem Wissensfundament basieren („Solche Dinge", ebd.), doch nirgends erläutern, erklären oder begründen sie ihre Aussage, so dass der Hintergrund dieser Aussagen für den Leser geheimnisvoll bleibt. Zu diesem hypothetischen Sprechen der Personen gehört in diesem Fall, dass dem Onkel die Existenz dieses ‚nicht gewöhnlichen' Gerichts bekannt und selbstverständlich zu sein scheint. Die Allgemeinheit dieser Kenntnis belegt er sogar mit einem Sprichwort: „‚Einen solchen Proceß haben, heißt ihn schon verloren haben.'" (76)

Widersprüchliche Prognosen

Diese pessimistische Prognose tritt in Widerspruch zu früheren Aussagen über den Prozess, z. B. der des Gerichtsdieners: „Es werden aber bei uns in der Regel keine aussichtslosen Processe geführt." (55) Dieser Widerspruch hindert K. daran, bei seinen Bemühungen und Nachforschungen um und über den Prozess einen Erkenntniszuwachs zu erreichen.

Der Onkel macht K. Vorwürfe wegen seines, seiner Meinung nach, zögerlichen Verhaltens und bietet ihm seine Hilfe an. Als erste Maßnahme bringt er seinen Neffen zu dem „Verteidiger und Armenadvokat[en]" (77) Huld, einem alten Freund. „Trotzdem ihm die eilige und dringliche Art, mit der der Onkel die Angelegenheit behandelte, Unbehagen verursachte" (ebd.), kann K. sich „dem Eifer, den der Onkel für seine Sache entwickelt hatte, […] nicht entgegenstellen" (79). Als er dem Onkel erzählt, was sich bisher ereignet habe, fällt wieder die Zweigleisigkeit seines Bewusstseins auf. Obwohl er vor sich rechtfertigt, warum er in seiner Erzählung Fräulein Bürstners Namen „nur einmal und flüchtig" (77) erwähnt, da sie ja „mit dem Proceß in keiner Verbindung" (ebd.) stehe, erwähnt er sie doch immerhin. Er scheint sie in Wirklichkeit also doch als Bestandteil des Prozesses anzusehen.

Vorwürfe des Onkels

Zweigleisigkeit von K.s Bewusstsein

In seiner forschen Art lässt der Onkel sich auch von dem Dienstmädchen des Advokaten nicht abweisen, das auf die Krankheit des Advokaten hinweist; im Gegenteil, er weist sie sogar zurecht: „‚Nächstens öffnen Sie früher!'" (78). Diese Zurechtweisung ist der Beginn seines feindseligen Verhaltens ihr gegenüber, auf dessen Höhepunkt er sie als „Hexe“ (80) bezeichnet.

Beschreibung Lenis

Im Gegensatz hierzu fühlt sich K. einmal mehr durch die auffälligen „große[n] schwarze[n] Augen“ (77) des Mädchens angezogen. Darüber hinaus gibt der Erzähler, der den Leser ja alles aus K.s Perspektive sehen lässt, eine genaue Beschreibung ihres Aussehens: Sie „hatte ein puppenförmiges gerundetes Gesicht, nicht nur die bleichen Wangen und das Kinn verliefen rund, auch die Schläfen und die Stirnränder“ (78).

Lenis Verhältnis zum Advokaten

Das Verhältnis des Mädchens zum Advokaten wirkt recht vertraut; beim Ordnen der Kissen beugt sie sich über den Kranken hin und flüstert mit ihm (vgl. 79). Als sie das Zimmer verlassen soll, „reichte [er, d. i. der Advokat] ihr die Hand, als gelte es einen Abschied für lange Zeit“ (80). Dem Leser drängt sich die Deutung auf, die der Onkel später ausspricht; er hält das ‚kleine, schmutzige Ding' (vgl. 88) für „die Geliebte des Advokaten“ (ebd.).

Advokat Huld

Der Advokat Huld erklärt sich trotz seiner Krankheit, wegen der er die beiden vom Bett aus empfängt, bereit, K. bei seinem Prozess zu vertreten, wobei es K. wiederum erstaunt, dass Huld bereits über seinen Prozess Bescheid weiß. Die plausible Erklärung des Advokaten weist K. auch darauf hin, dass sein Prozess scheinbar eine etwas herausragende Bedeutung hat: „[I]ch verkehre in Gerichtskreisen, man spricht über verschiedene Processe und auffallendere, besonders wenn es den Neffen eines Freundes betrifft, behält man im Gedächtnis.“ (81) K.s Verwunderung darüber, dass der Advokat bei Gericht „auf dem Dachboden“ und nicht „im Justizpalast“ (ebd.) arbeitet, erinnert an sein früheres Erstaunen, „daß man in einer solchen Sache auch einen Advokaten zuziehn könne“ (77). An dieser Stelle wird erstmals und einmalig die Existenz zweier unterschiedlicher Gerichtsinstitutionen klar ausgesprochen und damit das im gewöhnlichen Sinne nicht-juridische Wesen der Gerichte auf dem Dachboden angedeutet.

Herausragende Bedeutung von K.s Prozess

Existenz von zwei Gerichten

Der Kanzleidirektor

Der Advokat stellt seinen beiden Besuchern bei diesem Anlass einen weiteren Besucher vor, der sich bislang in einer dunklen Ecke versteckt gehalten hatte, den Direktor der Gerichtskanzleien, den er als guten Freund von sich bezeichnet. Durch das Aussehen des Kanzleidirektors wird K. an die Zuhörerschaft bei seiner ersten Vernehmung erinnert; der Kanzleidirektor hätte sich „den Versammlungsteilnehmern in der ersten Reihe, den alten Herren mit den schütteren Bärten, vorzüglich eingefügt." (83) Das Verhalten des Advokaten „mit Kopfneigen und unterwürfigem Lächeln" (Ebd.) weist eher auf ergebene Unterordnung als auf gleichgeordnete Freundschaft dem Kanzleidirektor gegenüber hin. Dieser schließt sich dem Gespräch an, das sich weder mit K.s Prozess beschäftigt noch K. selber einbezieht: Er „diente den alten Herren nur als Zuhörer" (Ebd.). So hängt er seinen Gedanken nach und „dachte bald an die Pflegerin" (ebd.).

Bei Leni

Und genau in diesem Moment lockt ihn diese mit einem Trick aus dem Zimmer und beginnt damit ihre aktive und offensive Annäherung an K. Er lässt sich dieses Verhalten des Mädchens gefallen, bleibt aber überwiegend in seiner passiven Rolle. Das Mädchen führt ihn in das Arbeitszimmer des Advokaten, in dem die Größe und Anordnung der Möbel eine einschüchternde Wirkung auf die Klienten ausüben müssen. Ein Gemälde, das einen Richter in einer aggressiven Haltung darstellt, erweckt K.s Aufmerksamkeit; später wird er den Maler solcher Bilder kennenlernen und erfahren, dass diese Pose durch ein strenges Reglement des Gerichts genau vorgeschrieben ist.

Lenis Annäherung

Das Mädchen sucht sofort die körperliche Nähe zu K., macht ihm Vorwürfe, dass er sie habe warten lassen, und fordert ihn auf: „Nennen Sie mich übrigens Leni." (84) K. erliegt ihrer Verlockung und erwidert ihre Zärtlichkeit; er umfasst Leni und zieht sie an sich (vgl. 85), „er fühlte ihren Körper an seiner Brust und sah auf ihr reiches dunkles fest gedrehtes Haar hinab." (Ebd.) Leni scheint in die Prozesswelt eingeweiht zu sein und bietet K. ihre Hilfe an: „‚[G]egen dieses Gericht kann man sich ja nicht wehren, man muß das Geständnis machen. Machen Sie doch bei nächster Gelegenheit das Geständnis. Erst dann ist die Möglichkeit zu entschlüpfen gegeben, erst dann. Jedoch selbst das ist ohne fremde Hilfe nicht möglich, wegen dieser Hilfe aber müssen Sie sich nicht ängstigen, die will ich Ihnen selbst leisten.'" (86) Verwirrend für den Leser wirkt wiederum die Fraglosigkeit, mit der mit Leni eine weitere Figur des Romans mit vollkommener Selbstverständlichkeit Dinge behauptet und

Lenis Hilfsangebot

voraussetzt, die für den Leser im Dunkeln bleiben, indem sie von K. „das Geständnis" verlangt. Mit ihrer Forderung nach einem bestimmten Geständnis setzt sie wie das Gericht bei der Verhaftung eine Schuld K.s voraus, die nicht näher bestimmt oder begründet wird.

K. selbst wird sich bewusst, dass die erotische Anziehung dieser Frau verknüpft ist mit seiner ziel- und strategielosen Verteidigung gegen das Gericht: „Ich werbe Helferinnen, dachte er fast verwundert, zuerst Fräulein Bürstner, dann die Frau des Gerichtsdieners und endlich diese kleine Pflegerin, die ein unbegreifliches Bedürfnis nach mir zu haben scheint." (86) Kommt ihm womöglich sein Prozess gelegen, um Gelegenheit zu solchen erotischen Begegnungen zu haben?

„Ich werbe Helferinnen"

Das sexuell offensive Verhalten Lenis hat bereits eine ungewöhnliche Dimension; der Erzähler unterstreicht den animalischen Charakter ihres Verlangens mit einer körperlichen Eigenheit: „Sie spannte den Mittel- und Ringfinger ihrer rechten Hand auseinander, zwischen denen das Verbindungshäutchen fast bis zum obersten Gelenk der kurzen Finger reichte." (87) Dieses an ein Schwimmhäutchen erinnernde Merkmal verleiht Leni einen urzeitlich-amphibienhaften Zug, den K. kommentiert: „‚Was für ein Naturschauspiel […]. Was für eine hübsche Kralle!'" (Ebd.) Die Bilder bleiben im animalischen Bereich, gewinnen aber auch einen dämonischen Zug: „K. sah fast bestürzt zu ihr auf, jetzt da sie ihm so nahe war gieng ein bitterer aufreizender Geruch wie von Pfeffer von ihr aus, sie nahm seinen Kopf an sich, beugte sich über ihn hinweg und biß und küßte seinen Hals, biß selbst in seine Haare." (Ebd.) Wie ein Raubtier ‚nimmt' Leni ihr – williges? – Opfer ‚an sich', in Besitz. „Da glitt ihr Knie aus, mit einem kleinen Schrei fiel sie fast auf den Teppich, K. umfaßte sie, um sie noch zu halten, und wurde zu ihr hinabgezogen." (Ebd.) In ihrem triumphierenden Ausruf bekräftigt sie ihre Inbesitznahme mit dem vertraulichen ‚du': „‚Jetzt gehörst du mir', sagte sie." (Ebd.) Die Verhaftung K.s findet so auf der persönlichen, privaten Ebene eine Parallele; ungefragt wird er von jemandem mit Haut und Haaren mit Beschlag belegt, in Besitz genommen, ‚verhaftet'.

Animalische Züge Lenis

Inbesitznahme durch Leni

Parallele zur Verhaftung

Als K. Leni verlässt, erwartet ihn vor der Tür sein Onkel, den er, wie auch den Advokaten und Kanzleidirektor,

Vorwürfe wegen verpasster Gelegenheit

längst vergessen hatte. Dieser macht ihm Vorwürfe wegen seines Verhaltens: „Du hast deiner Sache, die auf gutem Wege war, schrecklich geschadet. Verkriechst Dich mit einem kleinen, schmutzigen Ding […] und bleibst stundenlang weg." (88) Der Vorwurf des Onkels trifft in der Hinsicht zu, als K. die Gelegenheit zu einem Gespräch mit dem Kanzleidirektor auslässt, wie er auch bei seinem Besuch in der Kanzlei versäumt hat, dem Auskunftgeber die Fragen zu stellen, die für ihn wichtig sind. Andererseits bleibt es für den Leser unklar, inwiefern ein belangloses Gespräch, das sich weder mit K.s Prozess befasst, noch K. selber miteinbezieht, für seine Sache günstig sein kann. Schon im dritten Kapitel hat K. erfahren müssen, dass seine Rede vor Gericht „sehr ungünstig" (45) beurteilt worden ist. Der Leser bleibt gänzlich im Unklaren, welche Kriterien für die Beurteilung herangezogen werden.

Kriterien der Beurteilung?

Der Advokat, der Fabrikant und der Maler

Weitere Vertreter der Gerichtswelt

- K. fühlt sich durch den Prozess zunehmend in seiner normalen Lebensführung beeinträchtigt.
- Er fixiert sich zunehmend auf seinen Prozess.
- Der Advokat stellt die Einflussmöglichkeiten auf das Gericht als sehr gering dar.
- Das Gericht und sein Verfahren werden als undurchschaubar dargestellt.
- Wegen seiner Unzufriedenheit mit dem Advokaten will K. selbst eine Eingabe verfassen. Obwohl er bei sich keine Schuld erkennt, will er seine Rechtfertigung selbst übernehmen.
- Josef K. wird an den Gerichtsmaler Titorelli vermittelt. Auch dieser stellt es als aussichtslos dar, dem Gericht zu entkommen.

K.s Inanspruchnahme durch den Prozess

„Der Gedanke an den Proceß verließ ihn nicht mehr." (89) K. erkennt, dass er zunehmend die früher betonte Distanz zum Gericht und zu seinem Prozess verliert. Erkennbar wird ihm dies an seiner geistigen und körperlichen Beeinträchtigung. Früher nicht gekannte Müdigkeit und Unkonzentriertheit hindern ihn in immer stärkerem Maße an seiner Arbeit in der Bank.

Mit dem zögerlichen Vorgehen des Advokaten ist K. keineswegs zufrieden, denn merkwürdigerweise „hatte er ihn fast gar nicht ausgefragt. Und hier war doch soviel zu fragen. Fragen war die Hauptsache. K. hatte das Gefühl, als ob er selbst alle hier nötigen Fragen stellen könnte." (89) Warum hat er dann den Auskunftsgeber nichts gefragt? Die Aktivität des Advokaten beschränkt sich zunächst darauf, K. eingehend das Verfahren und das Gericht zu erläutern.

Unzufriedenheit mit dem Advokaten

So erfährt K., „daß das Verfahren nicht öffentlich sei" (90). Ebenso sei auch die Anklageschrift geheim, so dass ihr Inhalt „erraten" (91) werden müsse. Eingaben seien grundsätzlich nutzlos, und die Verteidigung sei „nicht eigentlich gestattet, sondern nur geduldet" (ebd.). Einzig wirksames Mittel der positiven Einflussnahme auf den Prozess seien „die persönlichen Beziehungen des Advokaten" (92), auf die man sich wegen der Unberechenbarkeit und Willkür der Beamten allerdings auch nicht voll und ganz verlassen dürfe. „Die Rangordnung und Steigerung des Gerichtes sei unendlich und selbst für den Eingeweihten nicht absehbar. Das Verfahren vor den Gerichtshöfen sei aber im allgemeinen auch für die untern Beamten geheim […]" (94). „Manchmal sei es zum Verwundern, daß ein einziges Durchschnittsleben dafür hinreiche, um soviel zu erfassen, daß man hier mit einigem Erfolg arbeiten könne." (96) Damit bestätigt der Advokat die im Roman bereits mehrfach angeklungene undurchdringliche und undurchschaubare Hierarchie des Gerichts, die ihm ein geheimnisvolles Wesen verleiht und den Angeklagten zu vollkommener Machtlosigkeit verurteilt. Machtlos sei der Advokat, wenn ihm der Prozess „plötzlich aus der Hand genommen wird" (97). „Der Proceß ist eben in ein Stadium getreten, wo keine Hilfe mehr geleistet werden darf, wo ihn unzugängliche Gerichtshöfe bearbeiten, wo auch der Angeklagte für den Advokaten nicht mehr erreichbar ist." (Ebd.) K. gewinnt den Eindruck, dass der Advokat nicht nur den „Gerichtsorganismus […] in der Schwebe" (95) halten, sondern auch ihn hinhalten will. Die Besuche beim Advokaten nutzt K. zu zärtlichen Kontakten mit Leni.

Geheime Anklageschrift

Verteidigung nur geduldet

Persönliche Beziehungen zum Gericht

Machtlosigkeit des Advokaten

Diese Vorträge des Advokaten befriedigen K. nicht. „Es war unbedingt nötig, daß K. selbst eingriff. […] Die Ver-

K.s Eigeninitiative

achtung die er früher für den Proceß gehabt hatte galt nicht mehr." (99) „[E]r hatte kaum mehr die Wahl den Proceß anzunehmen oder abzulehnen, er stand mitten darin und mußte sich wehren." (100) Obwohl K. sich seiner zunehmenden Fixierung auf den Prozess, seines Verhaftet-Seins, bewusst wird, wiegelt er trotzdem seine eigene Besorgnis immer noch ab: „Zu übertriebener Sorge war allerdings vorläufig kein Grund." (Ebd.) Denn nach wie vor erkennt er bei sich keine Schuld: „Es gab keine Schuld." (Ebd.) Dies ermöglicht ihm, sich innerlich vom Prozess zu distanzieren, indem er den Prozess „als ein großes Geschäft, wie er es schon oft mit Vorteil für die Bank abgeschlossen hatte" (ebd.), ansieht.

Ablehnung von Schuld

So fühlt er sich der Aufgabe seiner Verteidigung gewachsen und möchte dem Advokaten die Sache entziehen, um sie selbst in die Hand zu nehmen und eine Eingabe an das Gericht abzufassen. „Er wollte darin eine kurze Lebensbeschreibung vorlegen und bei jedem irgendwie wichtigern Ereignis erklären, aus welchen Gründen er so gehandelt hatte, ob diese Handlungsweise nach seinem gegenwärtigen Urteil zu verwerfen oder zu billigen war und welche Gründe er für dieses oder jenes anführen konnte." (89) Wieder fällt dem Leser ein Widerspruch in K.s Verhalten und Argumentation auf. Auf der einen Seite behauptet er seine Unschuld (ohne den eigentlichen Schuldvorwurf zu kennen), auf der anderen Seite hält er es für nötig, sich für sein bisheriges Leben zu rechtfertigen.

Eingabe an das Gericht

Selbstrechtfertigung

Schleichendes Schuldbewusstsein?

Diese Eingabe will er durch persönlichen Druck auf die Gerichtsbeamten unterstützen: „Er selbst oder die Frauen oder andere Boten mußten Tag für Tag die Beamten überlaufen und sie zwingen, […] sich zu ihrem Tisch zu setzen und K.s Eingabe zu studieren." (100) Diese Bemühungen und die Eingabe bedeuten freilich eine „fast endlose Arbeit" (101), die K. zeitlich und geistig in Beschlag nehmen und seine berufliche Karriere behindern. Er erkennt die Veränderungen in sich, „hatte er [früher] nur mit einem Gefühl der Scham" (ebd.) an das Projekt einer solchen Eingabe denken können, „wußte K. [heute] nichts mehr von Scham" (ebd.). Diese Gefühlsregung der Scham bleibt im Kontext unerklärt, erst der letzte Satz des Romans nennt die Scham wieder als K.s letzte Gefühlsregung. K. wird zunehmend vom Prozess absor-

Druck auf das Gericht

K.s Veränderung

Scham

biert, doch das Bewusstsein hiervon hat ihn noch nicht ganz erreicht.

Beeinträchtigung in der Berufstätigkeit

Die Beeinträchtigungen in seiner beruflichen Tätigkeit zeigen sich am konkreten Fall. K. ist „nicht fähig […], zuzuhören“ (103), als ein Fabrikant, ein bekannter Kunde der Bank, ihm ein nicht ungewöhnliches Geschäft vorschlägt. Als der Direktor-Stellvertreter einspringt und mit dem Fabrikanten verhandelt, projiziert K. seinen Gedanken an den Prozess auf die beiden: Es ist K., „als werde über seinem Kopf von zwei Männern, deren Größe er sich übertrieben vorstellte, über ihn selbst verhandelt. […] er […] nahm vom Schreibtisch ohne hinzusehn eines der Papiere, legte es auf die flache Hand und hob es allmählich, während er selbst aufstand zu den Herren hinauf.“ (104)

Projektion

K. bemüht sich darum, seine innerliche Distanz zum Prozess zu bewahren, indem er jede Schuld abstreitet und den Prozess in erster Linie als ‚Hindernis in seiner Laufbahn‘ (106) ansieht. Um dieses Hindernis auszuräumen, „mußte er sich wenigstens für den Augenblick ganz und gar dem Gericht aussetzen“ (105), „war er (bisher) doch noch vom Proceß im Grunde wenig betroffen gewesen“ (ebd.).

Gänzliche Hinwendung zum Gericht

Nach den erfolgreichen Geschäftsverhandlungen mit dem Direktor-Stellvertreter sucht der Fabrikant ihn wieder zu einem persönlichen Gespräch auf. Mit den Worten „‚Sie haben einen Proceß nicht wahr?‘“ (107) versetzt er K. in Erstaunen, denn es ist in der Tat verwunderlich: „‚So viele Leute sind mit dem Gericht in Verbindung!‘“ (Ebd.) Dass scheinbar er als Ausnahme keine hinreichende Kenntnis vom und Bekanntschaft mit dem Gericht hat, lassen in K. den Zweifel an seinem eigenen Verstand wachsen: „war es […] nicht möglich und sogar sehr wahrscheinlich, daß er auch andere Gefahren übersah oder in sie hineinrannte?“ (110) K.s frühere distanzierte Überlegenheit ist zunehmender Fixierung, Furcht und Verzweiflung gewichen. Der Fabrikant empfiehlt ihn an den Maler Titorelli, von dem er auch von K.s Prozess gehört habe. Um sich direkt zu Titorelli begeben zu können, vernachlässigt K. die Bankgeschäfte ganz offen, indem er wartende Kunden abzuwimmeln versucht, deren sich sofort sein Konkurrent, der Direktor-Stellvertreter, annimmt.

Der Fabrikant

Wissen des Fabrikanten

K.s Selbstzweifel

Weg zu Titorelli

Der Weg zu dem Maler erinnert an den Weg zum Gericht. Wieder führt der Weg K. durch ein ärmliches Vorstadtmilieu, das von Schmutz und Lärm geprägt ist, wieder muss K. zu einer Dachkammer hochsteigen, wo die Luft „sehr drückend" (113) ist. Auch diesmal fehlt nicht das Element des Sexuellen. Einige Mädchen, denen K. begegnet und die er anspricht, fallen ihm auf, weil sie „eine Mischung von Kindlichkeit und Verworfenheit dar[stellen]" (ebd.). Besonders bei einer von ihnen stellt er fest, „daß sie schon ganz verdorben war. Sie lächelte nicht einmal, sondern sah K. ernst mit scharfem aufforderndem Blicke an." (Ebd.) Die Mädchen begleiten K. zu Titorelli und stören das Gespräch der beiden mit ihrer lästigen Aufdringlichkeit mehrmals. Später weist Titorelli K. auf die Zugehörigkeit der Mädchen zum Gericht hin.

Begegnung mit den Mädchen

Verworfenheit

Zugehörigkeit der Mädchen zum Gericht

Der Aufmachung Titorellis mit der eilig über das schäbige Nachthemd gestreiften Hose entspricht der Zustand des Zimmers. Die Kleinheit, Überladenheit und Unordentlichkeit des Zimmers fallen K. zunächst nur auf, doch später verursacht die drückende, schwüle Luft in dem Zimmer, das „wohl schon lange nicht gelüftet" (119) worden war, neben Titorellis tatkräftig unterstützter Aufforderung, es sich auf dem Bett bequem zu machen, sein körperliches Unbehagen.

Schwüle in Titorellis Zimmer

Auf der Staffelei des Malers findet K. das Porträt eines Richters, das dem Bild im Arbeitszimmer des Advokaten gleicht. Doch die eigenartige Haltung des porträtierten Richters wird auf diesem Bild durch eine zusätzliche Figur ergänzt, die mit einer „Binde um die Augen" (117), einer Waage und ‚Flügeln an den Fersen' (vgl. ebd.) gleichzeitig als Allegorie der Gerechtigkeit und als Siegesgöttin erscheint. Nach weiterer Arbeit des Malers an dem Bild macht die Figur auf K. jedoch mehr den Eindruck der „Göttin der Jagd" (118). Ob sich in diesem Eindruck nur K.s innere Einstellung gegenüber dem Gericht ausdrückt, mag dahingestellt sein, in jedem Fall sind die Figuren der Göttinnen des Sieges und der Jagd ungewöhnliche Allegorien in Verbindung mit dem Gericht.

Porträt des Richters

Verbindung von Gerechtigkeit und Siegesgöttin

Göttin der Jagd

Da Titorelli als Maler für das Gericht arbeitet und die Richter porträtiert, hat er viele persönliche Kontakte zu diesen. K. macht sich Hoffnungen, dass Titorelli ihm in seiner Angelegenheit helfen kann, und die beiden bera-

Titorellis Beziehungen zum Gericht

ten über K.s Fall. Zum Erstaunen und zur Freude K.s stellt Titorelli die scheinbar entscheidende Frage: „‚Sind Sie unschuldig?‘“ (119), ohne jedoch weiter darauf einzugehen, von welcher Schuld die Rede ist. „Die Beantwortung dieser Frage machte ihm [K.] geradezu Freude“ (ebd.), welche aber eine merkwürdige Einschränkung erfährt, „besonders da sie gegenüber einem Privatmann, also ohne jede Verantwortung erfolgte“ (ebd.). Hätte K. vor einer Behörde die Verantwortung für seine bejahende Antwort nicht tragen mögen? Auch auf die rückversichernde Nachfrage Titorellis: „‚Sie sind aber doch unschuldig?‘“ (ebd.) antwortet K. bereits vorsichtiger: „‚Nun ja‘“ (ebd.). Auch später im Gespräch wird K. „[d]ie wiederholte Erwähnung seiner Unschuld […] lästig“ (122).

Frage nach K.s Unschuld

K.s merkwürdige Antworten

Titorelli gibt mehrere merkwürdige Hinweise auf das Gericht. Das Gericht sei, wenn es einmal von der Schuld des Angeklagten überzeugt sei, niemals von dieser Überzeugung wieder abzubringen. Auch überrascht er K. mit dem Hinweis „‚Auch diese Mädchen gehören zum Gericht‘“ (120), wie „‚ja alles zum Gericht‘“ (ebd.) gehöre.

Hinweise auf das Gericht

Titorelli nennt drei mögliche Ergebnisse des Verfahrens, die angestrebt werden können. „Die wirkliche Freisprechung, die scheinbare Freisprechung und die Verschleppung.“ (122) Zur wirklichen Freisprechung genüge es, sich ganz auf seine Unschuld zu verlassen und weiter nichts zu unternehmen. Allerdings merkt Titorelli an, dass er zwar aus früheren Zeiten von solchen Freisprüchen gehört habe, er selber aber von keiner wirklichen Freisprechung wisse.

Drei Strategien

Wirkliche Freisprechung

Um eine scheinbare Freisprechung zu erreichen, müsse er für K.s Unschuld bürgen und eine Bestätigung seiner Unschuld von den Richtern in seiner Bekanntschaft unterzeichnen lassen. Wenn er eine genügende Anzahl von Unterschriften beisammen habe, werde der zuständige Richter K. freisprechen, doch sei dieser Freispruch nur scheinbar. „‚Die untersten Richter […] haben nicht das Recht endgiltig freizusprechen, dieses Recht hat nur das oberste, für Sie [K.], für mich [Titorelli] und für uns alle ganz unerreichbare Gericht.‘“ (127) Es könne daher vorkommen, dass der Prozess wieder aufgenommen und K. erneut verhaftet würde. „‚[D]er Proceß beginnt von neuem, es besteht aber wieder die Möglichkeit ebenso

Scheinbare Freisprechung

wie früher, einen scheinbaren Freispruch zu erwirken.'" (128)

Verschleppung

Die „,Verschleppung besteht darin, daß der Proceß dauernd im niedrigsten Proceßstadium erhalten wird. [...] Der Proceß hört zwar nicht auf, aber der Angeklagte ist vor einer Verurteilung fast ebenso gesichert, wie wenn er frei wäre.'" (129) Da der Prozess jedoch nicht stillstehen könne, müsse nach außen hin ständig etwas geschehen, Verhöre, Untersuchungen usw. „,Der Proceß muß eben immerfort in dem kleinen Kreis, auf den er künstlich eingeschränkt worden ist, gedreht werden.'" (130) Das erfordere ständige Bemühungen des Angeklagten um den Prozess. Beide Methoden vermeiden sowohl eine Verurteilung des Angeklagten wie auch seine wirkliche Freisprechung. Der Angeklagte lebt wegen dieser Kreisbewegung ständig in der Schwebe.

Titorelli hat K. nicht die erwünschte Auskunft geben können, wie er dem Gericht entkommen könnte. Im Gegenteil, seine Auskünfte zeigen K. einmal mehr die Aussichtslosigkeit auf, dem Gericht zu entkommen oder ihm die eigene Unschuld zu beweisen. Ähnlich wie bei seinem Besuch in den Gerichtskanzleien ist K. die stickige Luft in Titorellis Zimmer längst unerträglich geworden. Er möchte eilig aufbrechen und verspricht Titorelli wiederzukommen. Um ihn möglichst rasch loszuwerden, kauft er ihm, ohne zu überlegen, einige Bilder ab, obwohl sie alle vollkommen gleich sind.

Tür zu den Kanzleien

Da vor der Tür des Ateliers noch immer die lästigen Mädchen auf K. warten, entlässt Titorelli ihn durch eine zweite Tür, die von dem Bett des Malers verstellt ist. Zu K.s Erstaunen führt diese Tür in Gerichtskanzleien, ähnlich denen, die er in der anderen Vorstadt kennengelernt hat. Titorelli wundert sich über K.s Erstaunen: „,Wußten Sie nicht, daß hier Gerichtskanzleien sind? Gerichtskanzleien sind doch fast auf jedem Dachboden, warum sollten sie gerade hier fehlen? Auch mein Atelier gehört eigentlich zu den Gerichtskanzleien, das Gericht hat es mir aber zur Verfügung gestellt.'" (132)

Gericht als unberechenbarer Gegner

Die Selbstverständlichkeit der Belehrung Titorellis lässt K. „über seine Unwissenheit in Gerichtssachen [erschrecken]. Als eine Grundregel für das Verhalten eines Angeklagten erschien es ihm, immer vorbereitet zu sein, sich niemals überraschen zu lassen, nicht ahnungslos nach

rechts zu schauen, wenn links der Richter neben ihm stand – und gerade gegen diese Grundregel verstieß er immer wieder." (Ebd.)
K. kehrt zur Bank zurück. Von einem zweiten Besuch bei Titorelli oder einer Entscheidung K.s hinsichtlich einer der von Titorelli vorgeschlagenen Strategien ist im weiteren Roman nicht mehr die Rede. Lediglich in dem im Anhang angefügten unvollendeten Kapitel „Das Haus" wird Titorelli noch einmal erwähnt.

Kaufmann Block – Kündigung des Advokaten

- K. will Huld wegen seiner Unzufriedenheit mit dem Verlauf des Prozesses entlassen.
- In dessen Wohnung lernt er den Kaufmann Block kennen, der seit langem einen Prozess hat.
- Ähnlich wie das Gericht sind auch die Advokaten durch eine undurchschaubare Hierarchie gekennzeichnet.
- Huld demütigt Block vor K.s Augen, um ihn von der Kündigung abzubringen.

Die Demütigung der Angeklagten

Obwohl das achte Kapitel eines der unvollendeten ist, ist es von seinem Umfang jedoch so weit gediehen, dass es, im Gegensatz zu den anderen unvollendeten Kapiteln in die Abfolge des eigentlichen Romantextes aufgenommen wurde.
K. scheint die von Titorelli aufgezeigten Möglichkeiten der Beeinflussung des Prozesses nicht weiter zu bedenken, hat sich aber nun „doch entschlossen, dem Advokaten seine Vertretung zu entziehn" (134). Zu diesem Zweck sucht er diesen spätabends auf. Als ihm nach längerem Warten die Tür geöffnet wird, trifft er Leni „im Hemd" in der Gesellschaft eines „kleine[n] dürre[n] Mann[s] mit Vollbart" (135), der ihm auch die Tür geöffnet hat. Diesem Mann, der sich ihm als „Kaufmann Block" (ebd.) vorstellt, gegenüber fühlt K. sich „sehr überlegen" (ebd.). „Er fühlte sich so frei, wie man es sonst nur ist, wenn man in der Fremde mit niedrigen Leuten spricht." (Ebd.) Da Leni vor ihm davongelaufen ist, beginnt K., sie in der Wohnung mit Hilfe Blocks zu

Besuch beim Advokaten

Herablassendes Verhalten K.s und Lenis Kaufmann Block gegenüber

suchen, wobei er Block kommandiert und wie einen dummen Jungen examiniert. Als sie Leni in der Küche beim Kochen antreffen, teilt sie K.s überhebliches und bevormundendes Verhalten Block gegenüber: „‚Es ist ein bedauernswerter Mensch, ein armer Kaufmann, ein gewisser Block. Sieh ihn nur an.'" (136) K.s eifersüchtiger Frage: „‚Er ist Dein Geliebter?'" (136 f.) weicht sie zunächst aus und wehrt sie dann mit den Worten „Du siehst ja, was für ein Mensch er ist" und dem Hinweis, dass „er eine große Kundschaft des Advokaten" (137) sei, ab. K. ist verärgert, da er nun wegen Blocks Anwesenheit sein Vorhaben, den Advokaten zu entlassen, nicht mit Leni besprechen kann. Doch als Leni dem Advokaten sein Essen bringt, nutzt er ihre Abwesenheit zu einem Gespräch mit Block. Da er von ihm erfährt, dass er schon seit mehr „als fünfeinhalb Jahre[n]" (139) einen Prozess habe, bemüht er sich, nähere Informationen über den Prozess und das Gericht zu erhalten. Trotz des devoten Verhaltens von Block vergisst K. über das Gespräch ganz „die frühere Lächerlichkeit des Kaufmanns" (140).

Gespräch mit Block

Blocks Erfahrungen

Rückgang des Geschäfts

Block hat im Verlauf seines Prozesses ähnliche Erfahrungen gemacht wie K. Wegen des Prozesses habe er seinem Geschäft nach und nach alles Geld und auch seine Arbeitskraft entzogen, was den vollkommenen Rückgang der ehemals guten Geschäfte zur Folge gehabt hätte. Er halte sich mittlerweile fast jeden Tag in den Gerichtskanzleien auf. Daher war Block auch bei K.s erstem Besuch in den Kanzleien und kennt ihn bereits. So berichtet er K. die abergläubische Prophezeiung eines der dort anwesenden Angeklagten, dass er, K., „gewiß und bald verurteilt" (141) werde. Für den textkundigen Leser erweist sich dies als eine Vorausdeutung auf das Ende des Romans. Eine ähnliche Vorausdeutung hat K. mit seiner Ahnung, dass das Gericht „ihn dann plötzlich mit der Entscheidung [...] überfallen" (99) werde, an früherer Stelle bereits geliefert. – Auch er, Block, sei wie K. nicht zufrieden gewesen mit dem Fortschreiten in seinem Prozess, doch statt Huld zu entlassen, habe er noch fünf Winkeladvokaten genommen, denen er allerdings paradoxerweise die Sache „weniger überlassen [könne], als wenn [er] nur einen hätte" (142). Ähnlich wie das Gericht streng hierarchisch gegliedert ist, unterscheiden

Vorausdeutung

Hinzuziehung von Winkeladvokaten

Hierarchie der Advokaten

sich auch die Advokaten in „Winkeladvokaten […] kleine und große Advokaten“ (144). Huld sei entgegen seiner eigenen Behauptung den kleinen Advokaten zuzurechnen, zu den großen ‚könne man wohl gar nicht kommen‘ (vgl. ebd.). Wie bei Gericht verliert sich also auch die Hierarchie der Advokaten in den oberen Rängen in einem ominösen Dunkel der Unerreichbarkeit. Obwohl Block das „Warten“ im Gegensatz zum „selbstständigen Eingreifen“ nicht als „nutzlos“ verwirft (142), kann er in seinem bisherigen Prozess doch keinen Fortschritt benennen. Doch dies scheint wesenhaft für diese Prozesse zu sein: „‚man kann in diesem Verfahren nur selten Fortschritte sehn‘“ (143). Keiner der Advokaten habe sich erfolgreich betätigen können, „keiner hat die Festsetzung der Hauptverhandlung verlangt, oder durchgesetzt.“ (144) Der einzige Erfolg von Blocks persönlichen Bemühungen bei Gericht ist, dass er die merkwürdige Eingabe Hulds in seinem Fall hat lesen dürfen. „Sie war zwar gelehrt, aber eigentlich inhaltlos.“ (143) Wie bisher alles im Roman, was Teil des Gerichts war, von strengen Riten, Regeln und Hierarchien geprägt ist, scheint auch diese Eingabe genauen Normen zu entsprechen. Sie enthält in der Reihenfolge „allgemeine Anrufungen des Gerichts, dann Schmeicheleien für einzelne bestimmte Beamte, […] dann Selbstlob des Advokaten, wobei er sich auf geradezu hündische Weise vor dem Gericht demütigte, und endlich Untersuchungen von Rechtsfällen aus alter Zeit“ (ebd.).

Prozess ohne Fortschritte

Eingabe Hulds

Riten und Regeln des Gerichts

Die für K. wenig hoffnungsweckenden Ausführungen des Kaufmanns werden durch die Rückkehr Lenis unterbrochen. K.s vorherige Verachtung Blocks ist einer bescheidenen Wertschätzung gewichen, die in K.s eigennützigem Denken begründet ist: „hatte der Mann doch einen gewissen Wert, zumindest hatte er Erfahrungen, die er gut mitzuteilen verstand“ (145) und die er „teuer bezahlt“ (147) hatte. Mit zu dem Preis, den Block für den Prozess gezahlt hat, gehört der fast vollständige Verlust an Würde. Nicht nur, dass Leni in seinem Beisein mit K. über ihn wie über einen Abwesenden spricht, auch der Advokat behandelt Block nach seinem Belieben. Er lässt ihn manchmal erst drei Tage nach der Anmeldung vor, so dass Block inzwischen im engen Dienstmädchenzimmer der Wohnung Quartier bezogen hat, um Tag und

K.s neu erworbene Achtung für Block

Verlust an Würde

Nacht beim Advokaten zur Stelle sein zu können. Leni hält K. als Privileg vor, dass er nun zu so später Stunde noch vom Advokaten empfangen werden soll.

Lenis Aufdringlichkeit

K. wird vom Advokaten, der wieder im Bett liegt, empfangen. Er hat sich nur mit Mühe von Leni befreien können, die durch seine Mitteilung, er wolle den Advokaten entlassen, vollkommen aufgebracht ist. Der Advokat begreift dies jedoch als die übliche Zudringlichkeit Lenis, die sich an alle Angeklagten hänge und sie liebe, da sie sie alle schön finde. Dies habe auch seine Berechtigung, meint der Advokat, da die Angeklagten wegen einer nicht näher zu bestimmenden Schönheit von anderen Menschen zu unterscheiden seien. Die Angeklagten verändern sich.

Entzug der Vertretung

Auf K.s Mitteilung, dass er ihm die „Vertretung entziehe" (150), reagiert Huld auffallend bestürzt. K.s Begründung, dass er sich „[n]iemals früher [...] so große Sorgen wegen des Processes, wie seit der Zeit, seitdem" (151) Huld ihn vertrete, gemacht habe und dass ihm nun „der Proceß, förmlich im geheimen, immer näher an den Leib" (ebd.) rücke, hält Huld sein persönliches Interesse und sein starkes Engagement entgegen. Nicht nur, dass er der Neffe seines Freundes sei und ihm darüber hinaus „im Laufe der Zeit lieb geworden" (150) sei, auch sei es kennzeichnend für die Vertretung in „diesen Rechtssachen" (153), dass der Advokat sich verstärkt für den Klienten aufopfere.

Hulds Reaktion

Demütigung Blocks

Um K. doch noch umzustimmen, beschließt Huld, ihm die Demütigung „Block[s], diese[s] elende[n] Wurm[s]" (149) vorzuführen. K. wird Zeuge einer grotesken Vorstellung, die der Advokat bewusst inszeniert, um ihm klarzumachen, dass er in seinem Prozess bisher noch gut behandelt worden sei, wie Leni es ihm auch bereits schon vorgehalten hat. Mit ungerechten und absurden Vorwürfen traktiert der Advokat den herbeigerufenen Kaufmann, der diese Prozedur schon zu kennen und gewohnt zu sein scheint: „Du kommst immer ungelegen." (154) Block reagiert unterwürfig. Die Worte des Advokaten scheinen ihn körperlich zu treffen, indem sie ihm „förmlich einen Stoß in die Brust und dann einen in den Rücken" (ebd.) versetzen. Auf dem Höhepunkt seiner Entwürdigung kniet Block vor dem Bett nieder, streichelt das Federbett und gibt dem Advokaten wiederholt

Ungerechte Vorwürfe

einen Handkuss. K. fühlt sich durch diese Szene als „Zuseher“ fast entwürdigt (vgl. 157): „Das war kein Klient mehr, das war der Hund des Advokaten.“ (Ebd.)

Blocks Entwürdigung

Wie für einen Abwesenden muss Leni für das gute Verhalten Blocks Zeugnis ablegen und dem Advokaten versichern, dass Block den ganzen Tag in dem Dienstmädchenzimmer, wo sie ihn eingesperrt hatte, fleißig gewesen sei und die ihm zur Lektüre aufgetragenen Texte studiert habe. „Die Schriften [...] sind wahrscheinlich schwer verständlich. [...] das sind sie allerdings. Ich glaube auch nicht, daß er etwas von ihnen versteht.“ (158) Die Behandlung Blocks kommt damit einem reinen Dressurakt gleich.

Lenis Zeugnis

Unverständliche Schriften

Mit Blocks verzweifelter Angst wegen der Mitteilung des Advokaten, dass sein Prozess schlecht stehe, bricht das Kapitel ab.

Blocks panische Angst

Im Dom

- K. wird auf geheimnisvolle Weise in den Dom gelockt.
- Dort erzählt ihm der Gefängniskaplan die Türhüterlegende.
- Der Sinn dieser Geschichte lässt sich wegen ihrer paradoxen Struktur nicht eindeutig entschlüsseln.
- Die Erzählung steht als zentrale Parabel für die Romanhandlung.
- K. und der Geistliche führen eine kontroverse Debatte über die mögliche Auslegung der Parabel; dabei spielen die Kategorien Hierarchie und Täuschung eine Rolle.

Ein zentraler Punkt im Roman

Im siebten Kapitel hatte K. seine Verpflichtungen auf der Bank noch als lästig und hinderlich für den Prozess empfunden und sogar mit dem Gedanken gespielt, sich für die Ausarbeitung seiner Eingabe beurlauben zu lassen. Jetzt merkt er deutlich, dass die Beeinträchtigung seiner Arbeitskraft durch die Gedanken an den Prozess seine Position in der Bank zunehmend gefährden. Insbesondere der schon länger währende Machtkampf mit dem Direktor-Stellvertreter, seinem missgünstigen Konkurrenten, verschärft sich; K. gewinnt den Eindruck, dass dieser seine momentane Schwäche spielerisch zu seinem Vorteil auszunutzen versucht. Kafka hatte diesem Kampf der beiden wohl ein ganzes Kapitel widmen

Gefährdung von K.s Position

wollen, welches aber nicht vollendet wurde und nun im Anhang „Fragmente“ abgedruckt ist, aber in der Textreihenfolge wohl vor dem Kapitel „Im Dom“ zu platzieren wäre.

Furcht vor Macht- und Bedeutungsverlust

Um die Stellung in der Bank zu verteidigen, „daß er hier in der Bank noch etwas zu bedeuten habe“ (204), nimmt K. die größten Unannehmlichkeiten in Kauf. Da er sich oft nur noch den „notdürftigsten Anschein wirklicher Arbeit“ (161) zu geben vermag und sich „während der Arbeit jetzt immer aus tausend Richtungen bedroht“ (ebd.) sieht, er aber „nicht einmal für einen Tag aus dem Bereich der Arbeit geschoben werden“ (162) will aus der, wie K. selber erkennt, unbegründeten, aber nicht abweisbaren Furcht, „nicht mehr zurückgelassen zu werden“ (ebd.), übernimmt er trotz einer Erkrankung die eher gesellschaftliche und ihm daher lästige Verpflichtung, einem italienischen Geschäftspartner die Kunstdenkmäler der Stadt zu zeigen.

Gesellschaftliche Verpflichtung

Sprachschwierigkeiten

Obwohl K. einigermaßen des Italienischen mächtig ist, versteht er den Italiener beim ersten Kennenlernen nicht. Nur durch die geschickte Übersetzung des Direktors ist K. in der Lage, zu verstehen, dass der Italiener ihn nach der Erledigung einiger Angelegenheiten später am Dom treffen und mit ihm nur diesen, „aber gründlich“ (164), besichtigen will.

Wegen seiner gesundheitlichen Unpässlichkeit, seiner allgemeinen Zerstreutheit und der wegen der Sprachschwierigkeiten zu erwartenden „Unannehmlichkeiten“ (163) macht K. sich mürrisch daran, sich in der verbleibenden Zeit auf die Führung im Dom vorzubereiten. „Sein früheres gutes Gedächtnis schien ihn aber ganz verlassen zu haben“ (165), und alle möglichen Leute scheinen alles daranzusetzen, ihn beim Studium der notwendigen Vokabeln zu stören. Auch „der Direktor-Stellvertreter ließ es sich nicht entgehn K. zu stören“ (ebd.). So fasst Leni, die K. kurz vor seinem Weggang zum Dom anruft und der er seine Aufgabe kurz erklärt, K.s Empfindungen zusammen: „‚Sie hetzen Dich‘“ (165), und K. bestätigt: „‚Ja, sie hetzen mich.‘“ (166) Doch die tiefere Bedeutung von Lenis Aussage wird sich K. und dem Leser erst später entdecken.

Störung der Vorbereitungen

Ausbleiben des Italieners

K. erwartet den Italiener wegen des schlechten Wetters im Dom, doch dieser erscheint nicht. Da sich die Lichtverhältnisse zunehmend verschlechtern, empfindet K. das Ausbleiben des Italieners als „ebenso vernünftig“ wie „unhöflich“, denn: „es wäre nichts zu sehn gewesen“ (167). K. vertreibt sich die Wartezeit, indem er sich einige Bilder mit der elektrischen Lampe, die er vorsorglich mitgebracht hat, ‚zollweise absucht‘ (vgl. ebd.). Dieser Vorgang erinnert an K.s Wahrnehmung des Gerichts; er nimmt stets nur einen kleinen Ausschnitt wahr, während das Eigentliche, die Gesamtschau, hinter dem verdeckenden Dunkel verborgen bleibt. Der Gefängniskaplan wird ihm dies später vorwerfen. Als K. die Hoffnung auf das Erscheinen des Italieners bereits aufgegeben hat und sich nur noch wegen des schlechten Wetters draußen die Zeit mit weiteren Erkundungen im Dom vertreibt, wird er auf einen Geistlichen aufmerksam, der sich anschickt, von einer bisher unentdeckten Kanzel aus in der leeren Kirche eine Predigt zu halten. Wegen der im Büro wartenden Arbeit möchte K. die Predigt nicht anhören und will den Dom gerade verlassen, doch hält ihn der Anruf des Predigers zurück. Dass dieser ihn mit „‚Josef K.!‘“ (170) persönlich anspricht, lässt vermuten, dass auch der Italiener zum Gericht gehört hat und K.s Auftrag dazu diente, ihn in den Dom zu locken, wo der Geistliche ihn erwartete, wie auch der Kirchendiener offenbar die Aufgabe hatte, ihn ‚dem Prediger zuzutreiben‘ (vgl. ebd.). K. kommt es einem „Geständnis“ (171) gleich, wenn er dem Prediger seine Aufmerksamkeit zuwendet. Dass K. im Dom in Person eines Geistlichen ein weiterer Vertreter des Gerichts entgegentritt, zeigt einmal mehr die Allgegenwart und Vielschichtigkeit des Gerichts.

Zunehmende Dunkelheit

Symbolische Bedeutung der Dunkelheit

Auftauchen des Geistlichen

Der Geistliche stellt sich Josef K. als „der Gefängniskaplan“ (ebd.) vor und gibt K. schlechte Nachricht über seinen Prozess: „‚Weißt Du, daß Dein Proceß schlecht steht? […] man hält Dich für schuldig. Dein Proceß wird vielleicht über ein niedriges Gericht gar nicht hinauskommen.‘“ (172) Mit dem Hinweis auf die allgemeine menschliche Schwäche weist K. die Schuld von sich: „‚Ich bin aber nicht schuldig, […] es ist ein Irrtum. Wie kann denn ein Mensch überhaupt schuldig sein. Wir sind hier doch alle Menschen, einer wie der andere.‘“ (Ebd.) Der Gefängniskaplan wirft ihm jedoch vor, vieles misszuverstehen und sich falsch zu verhalten: „Du miß-

Der Gefängniskaplan

Zurückweisung der Schuldbehauptung

Fehlverhalten

verstehst die Tatsachen, […] das Urteil kommt nicht mit einemmal, das Verfahren geht allmählich ins Urteil über. […] Du suchst zuviel fremde Hilfe, […] und besonders bei Frauen. Merkst Du denn nicht, daß es nicht die wahre Hilfe ist?'" (Ebd.) K.s Kurzsichtigkeit erzürnt den Geistlichen: „'Siehst Du denn nicht zwei Schritte weit?'" (173)

Fremde Hilfe

Dieser Vorwurf macht deutlich, dass der Dom mit seinem schwindenden Licht symbolisch K.s Zustand spiegelt; er befindet sich in einem Raum, dessen „Größe […] gerade an der Grenze des für Menschen noch Erträglichen" (170) liegt und dessen Ausmaße er wegen der Dunkelheit nicht abschätzen kann. Am Ende der Szene hat K. gar jegliche Orientierung verloren und muss den Geistlichen nach dem Weg fragen.

Dom als symbolischer Raum

Auf K.s Bitte hin kommt der Gefängniskaplan von seiner Kanzel herunter und K. führt ein längeres Gespräch mit ihm. Dabei erweckt K. den Eindruck eines hilfesuchenden Kindes, das von einem schlechten Gewissen geplagt wird. Doch wirft ihm der Kaplan auch hieraufhin vor, sich der Täuschung hinzugeben: „'In dem Gericht täuschst Du Dich'" (174). Um K. über die Täuschung zu belehren, erzählt er ihm eine Legende, die „'in den einleitenden Schriften zum Gesetz'" (ebd.) stehe:

K.s schlechtes Gewissen

Kaplan wirft K. Täuschung vor

Einem Mann vom Lande, der zum Gesetz möchte, wird vom Türhüter der Zugang zum Gesetz verwehrt. Da der Türhüter ihm aber in Aussicht stellt, später vielleicht durch die offene Tür zum Gesetz eingelassen zu werden, lässt er sich neben der Tür nieder, um zu warten. Sein ganzes Leben wartet der Mann da und keine Bestechung oder Überredung kann den Türhüter umstimmen. Als er schon am Sterben ist, fragt er den Türhüter, warum in der langen Zeit, da er hier gewartet habe, niemand außer ihm Einlass verlangt habe. Der Türhüter antwortet: „'Hier konnte niemand sonst Einlaß erhalten, denn dieser Eingang war nur für dich bestimmt. Ich gehe jetzt und schließe ihn.'" (175)

Die Türhüterlegende

Die Türhüterlegende und die sich daran anschließende Auslegungsdebatte bilden eine zentrale Stelle im Roman. In der Paradoxie und der geheimnisvollen Gleichnishaftigkeit der Legende scheint die Handlung des gesamten Romans wie in einem Brennpunkt gebündelt. Von ihrem Verständnis hängt das Verstehen des ganzen

Die Auslegungsdebatte

Romans wesentlich ab. Daher soll dieser Textpassage an späterer Stelle ein eigenes Teilkapitel (vgl. S. 65 ff.) gewidmet werden.

Thema der Legende: Täuschung

Da der Gefängnisgeistliche seine Erzählung mit dem Hinweis eingeleitet hat, dass sie von der Täuschung handele, ist die Aufmerksamkeit K.s und des Lesers auf die Täuschung in dieser Erzählung gerichtet. Josef K. eröffnet die Auseinandersetzung zwischen ihnen mit seiner Einschätzung: „‚Der Türhüter hat also den Mann getäuscht.'" (175) Dem widerspricht der Kaplan. Der Mann selber habe einen Fehler begangen, indem er die entscheidende Frage nicht früher gestellt habe. Der Türhüter habe lediglich seine Pflicht treu erfüllt. Denn zwischen seinen Auskünften dem Mann gegenüber bestehe kein Widerspruch. „‚Im Gegenteil die erste Erklärung deutet sogar auf die zweite hin.'" (176) Zwar sei der Türhüter gleichzeitig einfältig und eingebildet, aber pflichttreu.

Der Mann als der Getäuschte

Der Türhüter hat lediglich seine Pflicht erfüllt

Eine zweite Deutungsvariante gehe über diese Meinung noch hinaus, indem sie in dem Türhüter den Getäuschten sehe. Die Täuschung des Türhüters sei eine mehrfache. Zunächst befinde er sich über das Innere des Gesetzes im Irrtum. „‚Aus alledem schließt man, daß er über das Aussehn und die Bedeutung des Innern nichts weiß und sich darüber in Täuschung befindet.'" (178) Sein zweiter Irrtum betreffe seine Stellung gegenüber dem Mann vom Lande: „‚[...] denn er ist diesem Mann untergeordnet und weiß es nicht. [...] Vor allem ist der Freie dem Gebundenen übergeordnet. Nun ist der Mann tatsächlich frei, er kann hingehn wohin er will, nur der Eingang in das Gesetz ist ihm verboten [...]'" (ebd.). Dadurch nämlich dass der Türhüter an dem Tor Dienst verrichte, das nur für den Mann bestimmt sei, und dass sein Dienst durch dessen Tod ende, stehe er gewissermaßen in dessen Dienst. Sein dritter Irrtum bestehe in seiner Meinung, dass er nach dem Tod des Mannes das Tor schließen könne, denn es heiße in der Legende, dass das Tor aufstehe ‚wie immer'. Der Mann sei ihm in der Erkenntnis überlegen, da er immerhin den Glanz wahrnehmen könne, der aus dem Gesetz breche und dem der Türhüter nur den Rücken zukehre.

Der Türhüter als der Getäuschte und dem Manne Untergeordneter

Dienst für den Mann

Dadurch sieht K. sich noch nicht in seiner Meinung widerlegt, denn „‚wenn der Türhüter aber getäuscht ist,

Die Täuschung überträgt sich

dann muß sich seine Täuschung notwendig auf den Mann übertragen.'" (180) Und dem schade die Täuschung um vieles mehr als dem Türhüter.

Dem menschlichen Urteil enthoben

Doch spricht der Kaplan ihm daraufhin das Recht ab, über den Türhüter zu urteilen, da dieser „,zum Gesetz gehörig, also dem menschlichen Urteil entrückt'" (ebd.) sei. „,Er ist vom Gesetz zum Dienst bestellt, an seiner Würdigkeit zu zweifeln, hieße am Gesetze zweifeln.'" (Ebd.) Damit schafft der Kaplan einen Widerspruch zu der Deutungsvariante, die in dem Türhüter einen dem Mann Untergeordneten sieht. K. kann sich mit dieser Meinung nicht einverstanden erklären, da sie einen Widerspruch zu den Ausführungen des Kaplans darstelle: Man müsse alles, „,was der Türhüter sagt für wahr halten.'" (Ebd.) Doch „,[...] man muß nicht alles für wahr halten, man muß es nur für notwendig halten'" (ebd.), lautet die abschließende Meinung des Kaplans. „,Trübselige Meinung', sagte K. ,Die Lüge wird zur Weltordnung gemacht.' [...], aber sein Endurteil war es nicht.'" (Ebd.)

Notwendigkeit statt Wahrheit

K.s Unverständnis

K. weiß immer noch nicht über das Wesen der Täuschung Bescheid, er hat den Sinn der Geschichte nicht verstanden. Das Verlöschen der Lampe, die der Kaplan ihm vorher in die Hand gegeben hatte, symbolisiert dies. Er hat in der Dunkelheit die Orientierung verloren und findet den Weg zum Ausgang nicht mehr, der Kaplan weist ihm den Weg. Als K. sich darüber wundert, dass der Geistliche ihn so ohne weiteres gehen lassen will, erklärt ihm dieser: „,Ich gehöre also zum Gericht [...]. Das Gericht will nichts von Dir. Es nimmt Dich auf wenn Du kommst, und es entläßt Dich wenn Du gehst.'" (181)

„Das Gericht will nichts von dir"

Drei grundlegende Widersprüche in den Darlegungen des Kaplans machen den Leser bei seinem Versuch, die Türhüterlegende zu verstehen, ratlos:

Widersprüche

1. Die Erzählung handele von der Täuschung, dem widerspricht der Kaplan selbst.
2. Die verschiedenen Auslegungen, die der Kaplan Josef K. wiedergibt, sind in sich stimmig, widersprechen aber den ebenso stimmigen Interpretationen K.s.
3. Der Türhüter sei dem Manne untergeordnet, als Gesetzesdiener könne er überhaupt keinem Menschen untergeordnet sein.

Wie lässt sich die letzte Aussage des Kaplans in Einklang bringen mit K.s Verhaftung im ersten Kapitel? Hat er durch sein Verhalten ‚das Gericht angezogen', obwohl er nichts „Böses getan" (3) hat? Ist sich K. wirklich nicht bewusst, durch welche Schuld er das Gericht angezogen hat, oder verdrängt er sie? Könnte er durch ‚das Geständnis' die ‚Entlassung' erreichen? Durch welches Geständnis? Ist Josef K. der Mann vom Lande, der seine Freiheit freiwillig für das aussichtslose Warten vor dem Gesetz opfert?

Ende

	Die Hinrichtung
→ Ohne Verkündigung eines Urteils erwartet K. seine Hinrichtung. → Die Henker passen in die Reihe der grotesken Vertreter des Gerichts. → Die Hinrichtung im abgelegenen Steinbruch beraubt K. endgültig seiner Würde. → Das Ende schließt den Kreis zum Beginn des Romans.	

Josef K.s Hinrichtung

„‚[D]as Urteil kommt nicht mit einemmal, das Verfahren geht allmählich ins Urteil über.'" (172) Die Aussage des Gefängniskaplans bewahrheitet sich im letzten Kapitel des Romans. Das trotz seiner Kürze wohl vollständige Kapitel stellt die eigenartige Hinrichtung Josef K.s dar. Im Gegensatz zu seiner Verhaftung scheint dieses Ende für ihn jedoch nicht unvorbereitet zu kommen.

Zeitrahmen: 1 Jahr

Mit der Zeitangabe „[a]m Vorabend seines einunddreißigsten Geburtstages" (182) wird der zeitliche Rahmen in Bezug auf den ersten Satz des Romans auf ein Jahr hin geschlossen. Ebenso rätselhaft wie dem Leser die Verhaftung erscheinen musste, bleibt ihm nun der Hintergrund, wieso Josef K. nun offenbar auf dieses Ende vorbereitet ist. Nirgends ist die Rede davon, dass ein Urteil über Josef K. gefällt, geschweige denn ihm mitgeteilt worden wäre. Jedenfalls erwartet er in schwarzer Kleidung, „[o]hne daß ihm der Besuch angekündigt gewesen wäre" (182), die beiden Herren, die seine Hinrichtung vollziehen werden. Zwar ist auch nicht klar gesagt, dass K. sein Geschick genau voraussieht, doch seine Ahnungen, dass man mit ihm „fertig [...] werden" (ebd.) will und dass man ihn „auf diese[n] Weg" (184) ‚am Ende des

Fehlende Urteilsverkündung

K.s Erwartung

Processes‘ (vgl. ebd.) schicke, deuten sein Wissen um seine Bestimmung an.

K.s Enttäuschung über die Henker

Angesichts der beiden Herren, die auftauchen, ist K. enttäuscht, er hatte „einen andern Besuch erwartet“ (182). „‚Alte, untergeordnete Schauspieler schickt man um mich‘“ (ebd.). Abgesehen von ihrer grauenvollen Aufgabe hat das groteske Verhalten der beiden Herren etwas von der Komik einer Clownerie an sich, sie erinnern an die beiden Wächter, die mit K.s Verhaftung betraut waren. Das Groteske ihres Verhaltens wird durch ihr Aussehen ergänzt: „bleich und fett, mit scheinbar unverrückbaren Cylinderhüten“ (ebd.) erregen sie mit der „Reinlichkeit ihrer Gesichter“ (183) K.s Ekel. Sie beschränken sich auf Gesten und Handlungen, sie sprechen nicht. Ohne weitere Aufforderung verlässt K. mit ihnen die Wohnung. Auf der Straße „erfaßten sie K.s Hände mit einem schulmäßigen, eingeübten, unwiderstehlichen Griff“ (182), so dass sie drei eine „Einheit“ bilden, „wie sie fast nur Lebloses bilden kann“ (183). Die Hinweise auf K.s Ende verstärken sich. Dabei überlassen es die beiden K., den Weg zu bestimmen. K. folgt zunächst einer Erscheinung, die wegen großer Ähnlichkeit Frl. Bürstner hätte sein können, „um die Mahnung, die sie für ihn bedeutete nicht zu vergessen“ (184).

Groteskes Verhalten der Henker

K. bestimmt den Weg

Noch jetzt am Ende legt der Erzähler den Leser auf die Perspektive Josef K.s fest. In einer Art erlebter Rede gestattet er dem Leser einen Einblick in K.s Bewusstsein. K. artikuliert vor sich selbst seinen scheinbaren Erkenntniszuwachs im Verlauf des Prozesses: „‚Ich wollte immer mit zwanzig Händen in die Welt hineinfahren und überdies zu einem nicht zu billigenden Zweck. Das war unrichtig.“ (Ebd.) Doch stellt dieses Schuldeingeständnis wohl kaum eine passende Antwort auf eine immer noch nicht bekannte Klage dar. In Wirklichkeit hat Josef K. keinen nennenswerten Erkenntniszuwachs zu verzeichnen. ‚Das Notwendige‘, das er ‚sich selbst zu sagen‘ hat (vgl. 185), bleibt dem Leser rätselhaft.

Erkenntniszuwachs?

Die Verfolgung des vermeintlichen Frl. Bürstner gibt K. bald auf und führt die Gruppe, während er der Polizei ausweicht, in einen kleinen, verlassenen und öden Steinbruch (vgl. ebd.) vor der Stadt. Die Situation der Einsamkeit vor der Stadt, die durch das Licht aus dem einzelnen Fenster (vgl. 186) eher verstärkt als aufgehoben wird,

Weg zum Steinbruch

Isolation K.s

Detailgetreue Sorgfalt des Erzählers

symbolisiert endgültig K.s Isolation, seine Entfernung aus einer menschlichen Gesellschaft, aus deren Ordnung er durch seine Verhaftung herausgefallen ist. Dort entkleidet einer der Herren K.s Oberkörper, legt die Kleider sorgsam zusammen und wärmt K. durch Bewegung, eine Fürsorge, die angesichts der bevorstehenden Hinrichtung als Zynismus erscheint. An einer geeigneten Stelle setzen die Herren „K. auf die Erde nieder, lehnen ihn an [einen] Stein und betten seinen Kopf obenauf“ (185).

Hinrichtung als Schlachtung

Glaube an Logik

Als einer der beiden „ein langes, dünnes beiderseitig geschärftes Fleischermesser“ (ebd.), welches die Hinrichtung eher zu einer Schlachtung werden lässt, zum Vorschein bringt, begreift K. es als seine Pflicht, „das Messer [...] selbst zu fassen und sich einzubohren“ (186), welcher er nicht genügt, was er auch als seinen ‚letzten Fehler‘ versteht. Noch kurz vor seinem Tod flackern in ihm Hoffnung und der Glaube an die Logik auf: „Gab es Einwände, die man vergessen hatte? Gewiß gab es solche. Die Logik ist zwar unerschütterlich, aber einem Menschen, der leben will, widersteht sie nicht.“ (Ebd.) Zwar möchte K. den Eindruck vermeiden, „daß nicht einmal der einjährige Proceß [ihn] belehren konnte“ (184), doch erkennt er immer noch nicht die Irrationalität des ganzen Prozesses.

Hinrichtung als sachlicher Akt

Verlust der Würde

Zeitliches Kontinuum

Die Vollstreckung des Urteils vor einem Gericht, das „er nie gesehen hatte“ (186), bricht über K. herein: „Aber an K.s Gurgel legten sich die Hände des einen Herren, während der andere das Messer ihm tief ins Herz stieß und zweimal dort drehte. Mit brechenden Augen sah noch K. wie nahe vor seinem Gesicht die Herren Wange an Wange aneinandergelehnt die Entscheidung beobachteten. ‚Wie ein Hund!‘ sagte er, es war, als sollte die Scham ihn überleben.“ (Ebd.) Im Sterben stellt K. selbst die Würdelosigkeit seines eigenen Todes fest: „‚Wie ein Hund!‘“ (Ebd.). Schon an früheren Stellen hatte der Vergleich mit einem Hund für Personen gestanden, die ihrer menschlichen Würde beraubt waren (vgl. 68 und 158). Josef K. wird von seinem eigenen Gefühl geradezu überlebt, welches sich damit verselbständigt, von der zugehörigen Person löst und in eine gewaltige Größendimension wächst.

In seiner autobiographisch motivierten Schrift *Brief an den Vater* nimmt Kafka auf diese Textstelle Bezug: „Ich

Kafkas *Brief an den Vater*

hatte vor Dir das Selbstvertrauen verloren, dafür ein grenzenloses Schuldbewußtsein eingetauscht. (In Erinnerung an diese Grenzenlosigkeit schrieb ich von jemandem einmal richtig: ‚Er fürchtet, die Scham werde ihn noch überleben.')" (Kafka, 1999, S. 43) Aus diesem – ungenauen – Selbstzitat wird der geistige Bezug zwischen den Gefühlsregungen Scham und Schuld deutlich. Die Frage nach der Schuld ist eine der zentralen in diesem Roman.

Bezug zwischen Schuld und Scham

Ungelöstes Rätsel: Kreisbewegung

Alogik und Anonymität

Doch das Rätsel des Anfangs, die Frage nach dem Grund der Verhaftung, hat sich am Ende nicht gelöst – im Gegenteil. Auch das Gericht ist bis zum Ende die anonyme, alogische, allmächtige und allgegenwärtige Macht geblieben, der der Einzelne hilflos ausgeliefert ist. Die Vollstreckung des nie begründeten oder überhaupt verkündeten Urteils vollzieht sich in einer teilnahmslosen Grausamkeit: Geistig debile Stumme nehmen als willige Diener sachlich, höflich und gründlich die Hinrichtung vor. Die präzise Beobachtung des Vorgangs stellt nüchtern das ‚Krepieren' eines seiner Würde beraubten Menschen fest. Der Grausamkeit des Vorgangs entspricht die Lakonik des Erzählers. Kühl und kommentarlos werden sogar die letzten Empfindungen K.s dem Leser mitgeteilt.

Teilnahmslose Grausamkeit

Entwürdigung

Lakonik des Erzählers

Thematische Aspekte des Romans

Das Wesen von Gericht und Gesetz

➞ Es wird unterschieden zwischen dem Gericht im Justizpalast und dem Gericht auf dem Dachboden. ➞ Das Gericht erweist sich in seiner Hierarchie als undurchdringlich und anonym. ➞ Trotzdem übt es eine unwiderstehliche Anziehung aus. ➞ Durch seine Allgegenwart dringt es in den Alltag der Angeklagten ein, welche ihm nicht entrinnen können. ➞ Der Prozess wird als unaufhörliche Kreisbewegung beschrieben. Damit wird das Gericht zur Parabel für Ausweglosigkeit.	Parabel der Ausweglosigkeit

Frage nach der Identität

„‚Wer sind Sie?'" (3), fragt Josef K. den fremdartig gekleideten Mann, der ihm am Morgen seiner Verhaftung als erster Repräsentant des Gerichts in seinem Zimmer entgegentritt. Und im Verlauf der gesamten Romanhandlung bemüht sich K., die Identität des Gerichts zu klären. Zwar erwartet er im letzten Kapitel seine Henker, stellt mit der rhetorischen Frage „‚Sie sind also für mich bestimmt?'" (182) deren Kommen fest und fragt sie nicht mehr nach ihrer Identität oder Legitimation, doch hat er die Frage nach dem Wesen des Gerichts bis zum Ende nicht klären können.

K.s Schwanken zwischen Rebellion und Unterwerfung

Schon der erste Satz des Romans hat mit der Unerklärlichkeit der Verhaftung die Frage nach dem Wesen des Gerichts aufgeworfen. K.s Verhalten dem Gericht gegenüber schwankt im ganzen Roman zwischen Rebellion und Unterwerfung. Seine Wehr gegen diese unbegreifliche Macht will er nicht aufgeben. Zu Recht fordert er von den ihn verhaftenden Beamten eine Legitimation für ihr Vorgehen (vgl. 7) und beschwert sich sofort und später bei der ersten Verhandlung über ihr Verhalten.

K.s Angriffe auf das Gericht

Auch nutzt er die erste Verhandlung dazu, sich offensiv gegen das Gericht zu wenden und es mit Vorwürfen der Ungerechtigkeit, Korruption (vgl. 41) und persönlichen

Bereicherung (vgl. 38) anzugreifen. Er weist eine innerliche Beteiligung an dem Prozess von sich (vgl. 40) und weigert sich, den Prozess als solchen anzuerkennen (vgl. 36 f.). Die gesamte Prozesswelt möchte er säuberlich von seinem Alltag und seiner Arbeitswelt trennen (vgl. 73).

Die Macht des Gerichts über K.

Doch andererseits bildet die Verhaftung einen Akt, mit dem das Gericht K. in seine Gewalt bringt. Schon kurz nach dem Auftauchen der Wächter spürt K. ihre schleichende Macht über ihn; er kann in ihrer Gegenwart nicht mehr richtig nachdenken (vgl. 5) und beugt sich ihrem Urteil (vgl. 9 f.). Obwohl er die erste Verhandlung mit den Worten „,ich schenke Euch alle Verhöre'" (43) verlassen hat, wartet er doch in der folgenden Woche von „Tag zu Tag" (44) auf eine erneute Vorladung und begibt sich, als eine solche ausbleibt, trotzdem wieder zum Sitzungszimmer.

Anziehungskraft des Gerichts

Das Gericht übt offenbar eine magische Anziehungskraft auf ihn aus, und im Verlauf des Romans ist die zunehmende Fixierung K.s auf die Prozesswelt zu beobachten. K. erliegt scheinbar dem inneren Zwang, das Wesen des Gerichts zu ergründen. Gierig sucht er nach Auskünften und Informationen über den Prozess.

Zwei verschiedene Gerichte

Dass es offenbar zu unterscheiden gilt zwischen einem gewöhnlichen Gericht und diesem besonderen, hat K. recht bald erkannt und spricht auch diese Unterscheidung zwischen „dem Gericht im Justizpalast" und „dem auf dem Dachboden" (81) klar aus. Doch das Rätsel um das Gericht auf dem Dachboden zu lösen gelingt ihm nicht.

Undurchdringlichkeit und Unfassbarkeit des Gerichts

Und das hat seinen Grund in der wesenhaften Undurchdringlichkeit und Unfassbarkeit dieses Gerichts. Alle Versuche, das Gericht zu greifen zu bekommen, stoßen ins Leere, obwohl das Gericht sich K. immer wieder als allgegenwärtig, allmächtig und allwissend zu erkennen gibt.

Unendliche Hierarchie

Die Unfassbarkeit des Gerichts drückt sich unter anderem in einer scheinbar unendlichen Hierarchie aus. Selbst die Vertreter des Gerichts, denen K. begegnet, bezeichnen sich selbst als „die niedrigsten Grade" (7) und geben an, die höheren Grade gar nicht zu kennen. Auch der Advokat bestätigt dies: „Die Rangordnung und Steigerung des Gerichtes sei unendlich und selbst für den Eingeweihten nicht absehbar." (94) „Manchmal sei es zum Verwundern, daß ein einziges Durchschnittsleben dafür hinreiche, um soviel zu erfassen, daß man hier mit einigem Erfolg arbeiten könne." (96) Die Personen, die K. als Repräsentanten des Gerichts entgegentreten, rangieren sämtlich am unteren Ende der Hierarchie. Die Wächter, der Aufseher, der Gerichtsdiener, der Untersuchungsrichter, die Henker erweisen sich als kleine Handlanger, als willige Diener, die nur einen Ausschnitt kennen. Die Möglichkeit, zu den höheren Stufen vorzudringen und emporzusteigen, zeigt sich jedoch nicht.

K. kennt nur die untersten Grade

Das Gesetz selbst scheint das obere Ende der Hierarchie darzustellen, jedenfalls ist es nach der Aussage des Gefängniskaplans „dem menschlichen Urteil entrückt" (180). Dieses Entrücktsein ist so gewaltig, dass es überhaupt nur durch die Übertragung auf die Mitglieder der Hierarchie erfahrbar wird.

Ebenso wie die Repräsentanten des Gerichts sich weigern, sich in irgendeiner Weise auszuweisen und so die Legitimität ihres Handelns einsichtig zu machen, legt das Gericht nie die Klage gegen K. offen. Dass er wegen einer behaupteten, aber nicht näher nachgewiesenen Schuld verhaftet wird, ist ein unbestrittenes Faktum, das von Seiten des Gerichts nie in Frage gestellt wird.

Die Klage und deren Begründung werden nicht offen gelegt

Obwohl K. versucht, die Prozesswelt von der Alltagswelt fernzuhalten und zu trennen, bricht das Gericht mit seiner Allgegenwart in K.s Alltag ein. Andere Personen des Romans scheinen K.s Unkenntnis des Gerichts und sein Erstaunen über dessen Allgegenwart nicht zu teilen. Dem Onkel ist der Ausgang eines ‚solchen Prozesses' schon aus einem Sprichwort bekannt (vgl. 76). Titorelli weist K. darauf hin, dass ‚ja alles zum Gericht gehöre' (vgl. 120) und dass ‚fast auf jedem Dachboden Gerichtskanzleien seien' (vgl. 132).

Allgegenwart des Gerichts

Die Allgegenwart des Gerichts manifestiert sich unter anderem auch darin, dass K. sich vom Augenblick seiner Verhaftung an ständig beobachtet fühlt. Noch im Bett liegend, nimmt er ‚die alte Frau die ihm gegenüber wohnte und die ihn mit einer an ihr ganz ungewöhnlichen Neugierde beobachtete,' (vgl. 3) wahr. Seine Verhandlungen mit dem Wächter und sein Aufbruch zur Bank werden vom Haus gegenüber aus beobachtet. Auf dem Weg zur Verhandlung sonntags fühlt er sich zuerst von den drei Bankbeamten, dann vom Untersuchungsrichter beobachtet. Sein Gespräch mit Titorelli wird von

Ständige Beobachtung

den Mädchen vor der Tür genau mitverfolgt. Und auch sein Tod steht unter der Beobachtung der beiden Henker.

Einbruch des Gerichts in K.s Alltag

So gibt sich K. anfangs offenbar einer Illusion hin, wenn er annimmt, die Prozesswelt von seiner Arbeitswelt trennen zu können, denn bereits seiner Verhaftung wohnen die drei Mitarbeiter aus der Bank bei, womit der Einbruch der fremden Macht in K.s Alltag deutlich wird. Zu vermuten ist sogar, dass diese Macht bisher im Hintergrund des Alltags vorhanden war, aber durch die Verhaftung erst K.s Aufmerksamkeit auf sie gelenkt wird. Denn das Gericht scheint mit seinen strengen Regeln, Vorschriften und Traditionen seit je zu existieren. Im Kapitel über den Prügler sucht das Gericht K. in der Bank auf, und die Vorbereitungen zur Domszene nehmen ihren Anfang in der Bank. Im Prügler-Kapitel wird auch die Unausweichlichkeit und Unerbittlichkeit der Macht des Gerichts sinnfällig. Auch Titorelli deutet K. die Unausweichlichkeit des Gerichts an: „[…] es gibt bei Gericht kein Vergessen." (128)

Unentrinnbarkeit

In seinem Bemühen, zum Gericht vorzudringen, gerät K. durch die Hilfe von Vermittlern immer wieder an Helfer, nicht an das Gericht selbst. Sein Onkel bringt ihn zum Advokaten Huld, und der Fabrikant empfiehlt ihn an den Maler Titorelli. Die Begegnung mit dem Gefängniskaplan wird durch das Auftreten des Italieners und den Direktor vorbereitet. Die einzige Aufgabe des Onkels, des Fabrikanten und des Italieners innerhalb der Romanstruktur scheint jeweils die Vermittlung K.s an einen Helfer zu sein. Die Helfer, zu denen auch Leni und die Frau des Gerichtsdieners zu zählen sind, verweisen ständig auf das unsichtbare Gericht, dringen aber auch nie zu ihm vor oder ermöglichen es K. zum Gericht zu gelangen. Der Bereich der Helfer erweist sich als ebenso undurchdringlich wie das Gericht und eröffnet K. keinen Ausweg zum Gericht hin. Sogar die Hierarchie des Gerichts spiegelt sich in diesem Bereich; Block weist K. auf die verschiedenen Grade der Winkeladvokaten, kleinen und großen Advokaten und die grundsätzliche Unerreichbarkeit der letzteren hin. Auch hier ist der Aufstieg nicht möglich.

Vermittlung an Helfer

Undurchdringlichkeit des Helferbereichs

Zwar geben die Helfer K. bereitwillig Auskunft über das Gericht, doch bringen ihn diese Informationen kein

Stück näher an die Erkenntnis über das Wesen des Gerichts heran oder öffnen ihm den Zugang zu einer zuständigen Instanz. Titorellis Auskünfte über das Gericht sind symptomatisch für die Helfer; denn nach Titorellis Darstellung scheint die Verschleppung die einzig praktikable Strategie im Prozess zu sein, die wirkliche Freisprechung verwirft er vollkommen, und die scheinbare Freisprechung führt trotz des großen Aufwands zu keinem weiterführenden Ergebnis als die Verschleppung. Die rhetorische Schlussstellung der Verschleppung als Lösung mag die wirkliche Überzeugung Titorellis belegen. Verschleppung und scheinbarer Freispruch zielen auf nichts anderes, als den Prozess in einer Art Kreisbewegung „in der Schwebe" (95) zu halten: „Der Proceß muß eben immerfort in dem kleinen Kreis, auf den er künstlich eingeschränkt worden ist, gedreht werden." (169) „Immer gab es Fortschritte, niemals aber konnte die Art dieser Fortschritte mitgeteilt werden." (98) So rät Huld K., „sich mit den vorhandenen Verhältnissen abzufinden." (95)

K. soll den Prozess in der Schwebe halten

Grundsätzlich sind die Aussagen und Maßnahmen dieser Helfer also nur eine scheinbare Hilfe. Ihr wirkliches Ziel scheint die Übertragung der eigenen Resignation auf K. zu sein. Mit dem von ihm geforderten Geständnis („man muß das Geständnis machen", 86) soll sein Widerstand gebrochen werden, um ihn wie die anderen Angeklagten vollkommen auf das Gericht zu fixieren (vgl. 57) und ihn im Endstadium gänzlich zu unterwerfen. Die Unterwerfung durch den Verzicht auf Rechtfertigung erscheint als Teil des Prozesses. Die vom Advokaten inszenierte Vorführung des Kaufmanns Block (vgl. 154 ff.) führt K. das Endstadium des vollständig unterworfenen und abhängigen Angeklagten vor Augen. Der Sinn und die Notwendigkeit dieses Zustandes bleiben allerdings rätselhaft.

Helfer bieten nur scheinbar Hilfe

K.s Unterwerfung als Ziel

Ganz kann K. sich selbst nicht von einer Unterwerfung freihalten; seine Selbstmordgedanken im Schlusskapitel zeigen die Untergrabung seines Lebenswillens an. Damit gehören die Helfer, denen K. vertraut, letztlich zu der ihm feindlichen Gerichtswelt. Die Kreisbewegung der Gerichtswelt findet auch darin ihren Ausdruck, dass kein Urteil verkündet wird. Die ewig gleichen Porträts der Richter, denen K. mehrmals begegnet, versinnbildli-

Helfer als Teil der Gerichtswelt

Kreisbewegung der Gerichtswelt

chen diesen Zustand des Gerichts. Jedesmal ist der betreffende Richter in der gleichen Pose festgehalten, „als wolle er im nächsten Augenblick [...] aufspringen, um etwas Entscheidendes zu sagen oder gar das Urteil zu verkünden“ (85), doch er tut es nicht. Das nie verkündete Urteil schwebt als permanente Drohung über K.

Nur vorgetäuschte Bewegung

Dieser Vortäuschung der höchsten Bewegung in tatsächlicher Unbewegtheit entspricht K.s Eindruck von der Arbeit des Gerichts. Ständig und fleißig bis tief in die Nacht arbeitende Gerichtsangestellte scheinen einen Apparat zu bewegen, der nichts Erkennbares hervorbringt.

Trotzdem überrascht es am Ende nicht, als K. ohne Verkündung eines Urteils zu seiner Hinrichtung geführt wird. Er selbst hat offenbar darauf gewartet.

Der Tod als Ausweg

Der Tod eröffnet sich ihm als Ausweg aus der Kreisbewegung und erscheint schließlich als das Selbstverständliche. Dieser befreiende Aspekt des Todes hat seine Parallelen in anderen Werken Kafkas (vgl. *Das Urteil* und *Die Verwandlung*). Die womöglich pathetische Bedeutung des Todes wird durch die eigenwillige Komik der beiden Henker unterbunden. Die beiden ‚untergeordneten Schauspieler‘ erinnern an die beiden Wächter, die K. im Anfangskapitel gefangen genommen haben, und schließen somit wiederum einen Kreis. In beiden Fällen waren es ‚niedrigste Organe‘ (vgl. 7), die K. als Handlanger der unendlichen Hierarchie entgegentreten.

Das Gericht als anonyme Macht

Das Gericht steht K. also als eine anonyme und ichfremde Macht gegenüber, die ihn in einer ambivalenten Weise gefangen nimmt.

Doppelsinniges Gefangensein

Eine Komponente dieses Gefangenseins ist die passive: K. wird ohne sein erkennbares Zutun in die Gewalt genommen. Die zweite Komponente ist die aktive, freiwillige. Nach dem Hervortreten des Gerichts aus dem unsichtbaren Hintergrund des Alltags strebt K. unaufhörlich zu dem Gericht hin. Ohne Vorladung geht er zum Gericht, und alle seine Bemühungen konzentrieren sich auf das Anliegen, das Wesen des Gerichts zu ergründen. Die Gerichtswelt als Macht, von der K. nicht mehr loskommt, ohne zu wissen warum, die ihn in ihrer wesensmäßigen Kreisbewegung festhält, repräsentiert somit ein Modell der Ausweglosigkeit, die zwar erkannt und in gewissem Sinne als grotesk verstanden, aber im Grunde nicht begriffen wird.

Gericht als Modell der Ausweglosigkeit

Die Frauen

➟ Die Frauen stehen in Verbindung mit der Gerichtswelt. ➟ K. verspricht sich von ihnen Hilfe. ➟ K. empfindet die Frauen als erotisch anziehend. ➟ Da K. die Frauen als Brücke zum Gericht sieht, spiegelt sich darin, dass sie sich ihm wiederholt entziehen, die Unerreichbarkeit des Gerichts.	Frauen als Brücke zum Gericht

K. wirbt Frauen als Helferinnen

„‚Du suchst zuviel fremde Hilfe […] und besonders bei Frauen'" (172), wirft der Gefängniskaplan K. in der Domszene vor. K. gibt dies zwar zu, rechtfertigt sich aber: „‚Die Frauen haben eine große Macht. Wenn ich einige Frauen, die ich kenne, dazu bewegen könnte, gemeinschaftlich für mich zu arbeiten, müßte ich durchdringen.'" (Ebd.) Der Vorwurf des Gefängniskaplans trifft K. nicht ganz unvorbereitet, ihm selbst war schon bei Leni aufgefallen: „Ich werbe Helferinnen […], zuerst Fräulein Bürstner, dann die Frau des Gerichtsdieners und endlich diese kleine Pflegerin […]." (86)

Verknüpfung der Frauen mit der Gerichtswelt

Den Frauen kommt bei der Auseinandersetzung K.s mit dem Gericht eine besondere Bedeutung zu, seine Aufmerksamkeit für sie scheint mit der Gerichtswelt verknüpft zu sein. Außer den Treffen mit Elsa hat K. den Kontakt mit Frauen vor der Verhaftung vernachlässigt. Seine Mutter hat er seit drei Jahren nicht gesehen (vgl. das unvollendete Kapitel „Fahrt zur Mutter", 209), seine Cousine Erna hat er vergessen (vgl. 72 f.), und seine Zimmernachbarin Fräulein Bürstner hat er bislang nur sehr flüchtig wahrgenommen (vgl. 10, 21).

Mit dem Beginn seines Prozesses sucht K. gleich die Hilfe der Frauen, noch lange bevor er zu Huld oder Titorelli geht. Selbst in dem frühen Stadium, als er sogar die Fahrt mit der Straßenbahn als Hilfe auffasst und daher ablehnt, sucht er im Gespräch mit Frau Grubach und Fräulein Bürstner deren „Urteil" (19) über seinen Fall zu erfahren.

Zwei Frauentypen

Mutterfiguren

Zwei Kategorien von Frauen begegnet K.: der Frau als Mutterfigur und der erotisch verlockenden Frau. Zum ersten Typ gehören K.s Mutter und Frau Grubach. Beide stehen K. mit einer liebevollen Zuneigung und einem naiven Unverstand gegenüber. Die „Mutter hielt ihn […]

trotz aller Widerrede für den Direktor der Bank" (211), und Frau Grubach kommt K.s Verhaftung „wie etwas Gelehrtes vor" (19), ‚das sie zwar nicht verstehe, das man aber auch nicht verstehen müsse'. Doch diese beiden Frauen spielen darüber hinaus keine bedeutende Rolle für K.

Erotisch verlockende Frauen

Wichtiger sind für ihn die erotisch anziehenden Frauen, die immer auch mit dem Gericht in einem engen Zusammenhang stehen. Dadurch wird die Sphäre des Gerichts mit der Sphäre der Sexualität verknüpft. Zu diesen sexuell verlockenden Frauen sind Fräulein Bürstner, die Frau des Gerichtsdieners und Leni zu zählen. Insbesondere bei Fräulein Bürstner fallen deutliche Parallelen zwischen K.s Bemühungen um die Frau und seinen Fixierungen auf das Gericht auf.

Magische Anziehungskraft

Fräulein Bürstner hat er vor seiner Verhaftung kaum beachtet, erst mit dem Auftreten des Gerichts wird er auf sie aufmerksam. In seinem Gespräch mit ihr beginnt seine Beschäftigung mit dem Gericht, gleichzeitig verfällt er einer magischen und „eigentümliche[n] Anziehungskraft" (24), und zwar sowohl Fräulein Bürstners als auch des Gerichts. Aus einem konventionellen Gespräch erwächst die gierige Umarmung K.s, die in ihrer in sich gegensätzlichen Struktur die scheinbare Bewegung der Gerichtswelt symbolisiert: Der raschen Bewegung des ‚Jagens' folgt die Ruhe, die beide in sich den tödlichen Aspekt bergen („Schließlich küßte er sie auf den Hals, wo die Gurgel ist", 28). Fräulein Bürstner setzt K. keinen nennenswerten Widerstand entgegen, doch ist ihr Weggang aus der Szene der Beginn ihres endgültigen Rückzugs von K. Wie die Verhaftung wird auch diese Szene vom Nebenzimmer aus beobachtet.

Fräulein Bürstners Rückzug von K.

K.s unverständliche Bemühungen um Kontakt mit Fräulein Bürstner

Nach dieser Initialszene bemüht sich K. ähnlich wie um die Erkenntnis über das Gericht um den Kontakt mit Fräulein Bürstner. Wie er sich anfangs dem Gericht überlegen glaubt, fühlt er sich auch ihr gegenüber stark: „[E]r wußte, daß Fräulein Bürstner ein kleines Schreibmaschinenfräulein war, das ihm nicht lange Widerstand leisten sollte." (192) Doch ihre Verweigerung bleibt endgültig, sie lässt ihm durch Fräulein Montag ihre Überzeugung von der „Sinnlosigkeit" (191) seiner Bemühungen übermitteln. Ein letztes Mal taucht Fräulein Bürstner auf, als K. ihr auf dem Weg zum Richtplatz in einiger

Begegnung auf dem Weg zur Hinrichtung

Entfernung ein Stück weit folgt, „um die Mahnung, die sie für ihn bedeutete nicht zu vergessen." (184) Doch in diesem Stadium fühlt K. sich insoweit belehrt, dass er sie „schon entbehren" (ebd.) zu können glaubt. Seine rebellische Offensive ist einer resignativen Selbstbescheidung gewichen.

Die Frau des Gerichtsdieners

Schon an früherer Stelle war K. einer Frau gefolgt: Als der Student die Frau des Gerichtsdieners wegtrug, war K. den beiden ein Stück weit nachgegangen. Auch da hatte er an einer bestimmten Stelle eingehalten. – Fräulein Bürstner führt ihn zum Richtplatz, die Frau des Gerichtsdieners hat ihn tiefer in den Gerichtsapparat, zu den Kanzleien, hineingeführt. Wie der sexuelle Kontakt mit Fräulein Bürstner ist auch die Begegnung mit der Frau des Gerichtsdieners flüchtig und widerstandslos und endet mit dem Entzug. In der Leere, die sie hinterlässt, öffnet sich allerdings das Gericht. Im Zusammenhang mit der Frau des Gerichtsdieners zeigt sich der obszöne Aspekt des Gerichts besonders deutlich. Die obszönen Darstellungen in den Gesetzesbüchern, die K. mit der Erlaubnis der Frau ansieht, stoßen ihn ebenso ab wie die Tatsache, dass sie sich ihm anbietet. Was ihn aber nicht davon abhält, aus diesem Angebot in seinem Sinne Nutzen zu ziehen. Dieses Selbstangebot hat seinen Grund in der geheimen Hoffnung der Frau auf K.s Wirken: „‚Sie wollen hier wohl einiges verbessern?'" (45). Denn sie leidet unter dem Ausgeliefert- und Ausgebeutetsein an und durch die Gerichtsbeamten, denen sie sich aber nicht zu widersetzen wagt.

Erneuter Entzug

Die Frau als ausgeliefertes Objekt

Leni vereint in sich zwei unterschiedliche Aspekte der Sexualität. Dem Advokaten gegenüber nimmt sie ihre Pflicht als Pflegerin mit zärtlicher Fürsorge und Liebe wahr. Auch für K. zeigt sie Gefühle der Fürsorglichkeit. Doch bei der ersten Begegnung der beiden entwickelt sie eine triebhafte Sexualität. Sie bietet sich K. nicht wie die Frau des Gerichtsdieners zur Inbesitznahme an, sie ergreift die Offensive und nimmt ihrerseits K. in ihren Besitz. Dies tut sie mit einem animalischen Gestus, den K. als beinahe angstmachend wahrnimmt. Leni ist die einzige Frau, deren Kontakte mit K. sich wiederholen.

Lenis Fürsorglichkeit und triebhafte Sexualität

Inbesitznahme K.s

K. setzt in Leni offenbar mehr Vertrauen und Hoffnung als in den Advokaten. Ihr Rat ist ihm sehr wichtig. Bei ihr wird ihm auch zum ersten Mal bewusst, dass er Hel-

Frauen als Brücke zur Behörde

ferinnen wirbt. Die Frauen in der Helferrolle interessieren ihn mehr als die männlichen Helfer; er verlässt eine Versammlung möglicher Helfer, um zu Leni zu gehen. Die Frau, insbesondere die Frau, die sich ihm preisgibt, erscheint K. offenbar als Brücke zur unerreichbaren Behörde. Doch der Kontakt mit den Frauen verläuft parallel zu seinen Bemühungen um das Gericht. Die Widerstandslosigkeit der Frauen und des Gerichts lassen K. ins Leere laufen und provozieren seine Offensive und Fixierung. Doch dem endgültigen Zugriff entziehen sich sowohl die Frauen als auch das Gericht. In diesem Entzug offenbart sich die Unerreichbarkeit des im sexuellen Kontakt eigentlich Gesuchten – des Gerichts.

Unerreichbarkeit des Gerichts

Die Frage der Schuld

Die hypothetische Schuld	
	➞ Der Prozess basiert auf einer unbewiesenen Schuldbehauptung. ➞ Schuld bedeutet hier eher eine moralische Kategorie als eine juristische. ➞ Der Mechanismus der Schuldzuweisung ist entscheidend: Die fremde und anonyme Macht zielt auf die Unterwerfung des Einzelnen durch dessen Schuldbehauptung.

Die Schuld Josef K.s existiert nur in kontroversen hypothetischen Behauptungen. Das Gericht wirft K. vage eine Schuld vor, ohne diese irgendwo näher zu begründen oder zu erklären. Für das Gericht übernimmt die Verhaftung die Aufgabe der Schuldbehauptung, explizit ausgesprochen wird das Wort Schuld nur von den Helfern und Mittelsleuten: „,Man hält wenigstens vorläufig Deine Schuld für erwiesen'" (172), behauptet der Gefängniskaplan. Doch kein kodifizierter Gesetzestext wird als Begründung für diese Anschuldigung angeführt, das Gesetz bleibt ebenso in einem ominösen Dunkel wie die Schuld.

Anschuldigung ohne Begründung oder Beweise

Josef K. wird andererseits nicht müde, seine Unschuld zu beteuern, paradoxerweise ohne den Inhalt der Anschuldigung zu kennen. Aber er verlangt auch nicht nach einer Begründung oder einem Beweis, er begnügt sich, die Behauptung seiner Unschuld gegen die des Gerichts von seiner Schuld zu setzen. Seine Antwort auf die Aussage des Gefängniskaplans belegt, dass K. intuitiv zu erfassen scheint, auf welchen Bereich sich die Schuldbehauptung beziehen muss: „,Wie kann denn ein Mensch überhaupt schuldig sein. Wir sind hier doch alle Menschen, einer wie der andere.'" (172) Hiermit wird deutlich, dass mit „schuldig" keine Kategorie im juristischen Sinne, also eine Schuld durch eine Gesetzesübertretung, gemeint sein kann. Schuld bezieht sich eher auf den ethischen Bereich und kommt durch ein Fehlverhalten gegenüber den Mitmenschen zustande. Bereits früher ist K. sich dessen offenbar bewusst, als er plant, in einer Eingabe dem Gericht „eine kurze Lebensbeschreibung" vorzulegen „und bei jedem irgendwie wichtigern Ereignis [zu] erklären, aus welchen Gründen er so gehandelt hatte, ob diese Handlungsweise nach seinem gegenwärtigen Urteil zu verwerfen oder zu billigen war und welche Gründe er für dieses oder jenes anführen konnte." (89)

Schuld als moralische Kategorie

Ebenso wenig wie im juristischen Sinne ist K. sich einer Schuld im moralischen Sinne bewusst. Kein Zweifel untergräbt seine Unschuldsbeteuerung, und er bleibt bei der Behauptung seiner Unschuld bis zum Schluss. Auf dem Weg zum Richtplatz deutet sich eine mögliche Einsicht und innere Wandlung an, als er die Erscheinung Fräulein Bürstners als „Mahnung" versteht: „,Ich wollte immer mit zwanzig Händen in die Welt hineinfahren und überdies zu einem nicht zu billigenden Zweck. Das war unrichtig, soll ich nun zeigen, daß nicht einmal der einjährige Prozeß mich belehren konnte?'" (184) Doch er hat nicht die Gelegenheit, eine Wandlung oder eine neue Überzeugung zu leben. Wenig später erfolgt seine Hinrichtung, die ihn wieder in einer zaghaften rebellischen Pose zeigt. Obwohl er es als seine Aufgabe auffasst, sich selbst hinzurichten, tut er es nicht, und seine letzten Fragen scheinen eine Einsicht in seine Schuld wieder wegzuschieben: „Gab es Einwände, die man vergessen hatte? Gewiß gab es solche." (186) Von einer tatsächlich vollzogenen inneren Wandlung K.s kann nicht die Rede sein.

K. ist sich keiner Schuld bewusst

Mahnung

Keine tatsächliche Wandlung K.s

Zu fragen ist, inwiefern K. Verfehlungen gegenüber seinen Mitmenschen begangen hat. Im Verlauf der Roman-

K.s Überheblichkeit und Selbstgerechtigkeit

handlung werden K.s Überheblichkeit und Selbstgerechtigkeit deutlich. Den meisten Personen seiner Umwelt fühlt er sich überlegen: Frau Grubach, Fräulein Bürstner, die Frau des Gerichtsdieners, Leni, der Kaufmann Block u. a. wären zu nennen. Den Direktor-Stellvertreter als einzigen Konkurrenten hofft er binnen kurzem auszuschalten. K.s Selbstgerechtigkeit zeigt sich gerade in seiner Zweifellosigkeit, was mögliche moralische Verfehlungen seiner Person betrifft. Doch reichen diese Schwächen hin für eine Verurteilung zum Tod? Wohl kaum.

Bedeutung des Mechanismus der Schuldzuweisungen

Das weist darauf hin, dass die Inhalte der Schuldbehauptung weniger wichtig sind als der Mechanismus der Schuldzuweisungen. Als eine fremde, anonyme und übermächtige Macht tritt das Gericht an K. heran und legt ihm unbekannte Maßstäbe an ihn an. Da K. diese Schuld nicht einsieht, tritt die Schuldbehauptung mit seinen eigenen Maßstäben in Konflikt. Trotz seiner anfänglichen Gegenwehr nehmen die fremden Werte ihn zunehmend gefangen. In seinem Bemühen, das Wesen des Gerichts zu durchschauen, verfällt er einer zunehmenden Fixierung auf die fremde Autorität. Sein Kampf gegen das Gericht und dessen verborgene Maßstäbe endet mit der Unterwerfung K.s.

K. verfällt der fremden Macht

Parallele zur Erzählung *Das Urteil*

In der Erzählung *Das Urteil* steht am Ende der Auseinandersetzung zwischen Vater und Sohn das Todesurteil des Vaters für den Sohn. Wie unter einem inneren Zwang eilt der Sohn, um das über ihn verhängte Urteil selbst zu vollstrecken: Er stürzt sich von einer Brücke in den Fluss. In dem Roman *Der Proceß* erkennt Josef K. zwar seine Aufgabe, das Messer „selbst zu fassen und sich einzubohren" (186), und begreift die Nichtbewährung angesichts dieser Aufgabe als Fehler, doch kann er sich nicht zu einer freiwilligen Selbsthinrichtung bereit finden.

Sieg der fremden Macht

In beiden Fällen hat jedoch die fremde Autorität den Sieg davongetragen. Beide Protagonisten, Georg Bendemann und Josef K., stehen für Menschen, die sich nach der Konfrontation und der Austragung eines Konfliktes mit ihnen fremden Maßstäben der Beschuldigung auf der Grundlage dieser Maßstäbe unterwerfen müssen, ohne diese einzusehen oder akzeptieren zu können. Der Ursprung der Anschuldigung ist unklar, sie ist plötzlich da und lässt den Einzelnen nicht mehr los. Maßstab für die Beschuldigung bilden die Normen einer dadurch als übermächtig erfahrenen Gruppe.

Unterwerfung unter die fremde Übermacht

Im *Proceß* haben sich schon viele dieser Autorität gebeugt und resigniert (vgl. die anderen Angeklagten in den Gerichtskanzleien). Die Rebellion dagegen scheitert. Da scheinbar alle vom Gericht wissen, muss K. als der Einzelne sich in der Rolle als Ausgestoßener und Außenseiter fühlen. Der Weg zurück in die Gemeinschaft scheint nur für die Unterwerfung unter Maßstäbe, die mit den eigenen Interessen in Widerspruch treten, möglich zu sein.

Integration in die Gemeinschaft nur durch Unterwerfung

„Vor dem Gesetz" – der paradoxe Zirkel

Das Paradoxon als Denkmodell

- Die Türhüterlegende hat eine zentrale Bedeutung im Roman und erweitert die Handlung um verschiedene Bedeutungsdimensionen.
- Zwischen der Legende und der Romanhandlung bestehen Parallelen.
- Die Handlung beider zeigt eine paradoxe Struktur.
- Die Kafka'sche Paradoxie lässt sich nicht auflösen, da die Suche nach einer Lösung in eine Kreisbewegung führt.
- Die Auslegungsdebatte fügt der Paradoxie der Legende noch weitere Widersprüche hinzu.
- Die unauflösbare Paradoxie weist sowohl auf die Unmöglichkeit einer Auslegung als auch die Undurchschaubarkeit des Gerichts hin.

Getrennte Publikation der Türhüterlegende

Die Türhüterlegende, die der Gefängniskaplan Josef K. im neunten Kapitel erzählt, hat Franz Kafka getrennt von seinem Roman *Der Proceß* in der Sammlung mit kürzeren Erzählungen unter dem Titel *Ein Landarzt* im Jahr 1919 veröffentlicht. Sie ist damit – neben der ebenfalls im Zusammenhang mit dem *Proceß* entstandenen Erzählung *Ein Traum* – der einzige Teil des Romans, der je zu Kafkas Lebzeiten veröffentlicht worden ist und den somit Kafkas Wunsch nach dessen Vernichtung nicht betraf. In seinem Tagebuch hat Kafka vermerkt, dass er beim Wiederlesen der Türhüterlegende ein „Zufriedenheits- und Glücksgefühl" empfunden habe. Da er selbst sein schärfster Kritiker war, ist davon auszugehen, dass

ihm mit diesem Text gelungen ist, das vollkommen zum Ausdruck zu bringen, was er ausdrücken wollte.
Daran wird deutlich, welche besondere Stellung die Türhüterlegende für Kafka selbst und für sein Gesamtwerk zukommt. Bei näherer Betrachtung zeigt sich auch, dass dieser Text zentral für das Verständnis des Romans *Der Proceß* und darüber hinaus für das Werk Kafkas ist. Wie in einem Brennpunkt scheint hier die gesamte Handlung des Romans gebündelt zu sein. Wegen der radikalen Zurückhaltung des Erzählers, der sich jeden Kommentars zum Romangeschehen enthält und dem Leser keinen Anhaltspunkt bietet, die Hauptfigur K., seine Wahrnehmung des Gerichts und seine Auseinandersetzung mit diesem zu durchschauen und zu bewerten, bleibt der Leser bis zu diesem Zeitpunkt der Handlung völlig im Ungewissen. Die Türhüterlegende übernimmt die Aufgabe der Selbsterklärung, der Selbstauslegung des Romans. Von hier aus lassen sich Rückschlüsse auf die Deutung des gesamten Romans ziehen.

Zentrale Bedeutung der Türhüterlegende für den Roman

Bei der merkwürdigen Begegnung in der Kirche, die einzig zum Zweck dieses Gespräches herbeigeführt worden zu sein scheint, wirft der Gefängniskaplan Josef K. vor: „‚Du suchst zuviel fremde Hilfe'" (172). Als K. daraufhin keine Einsicht zeigt und auch weiterhin jede Schuld leugnet, weist der Geistliche K. darauf hin, dass er sich in dem Gericht täusche (vgl. 174). Um ihn über diese Täuschung aufzuklären, erzählt er ihm die Türhüterlegende, die sich in den einleitenden Schriften des Gesetzes finde und von „dieser Täuschung" (175) handele.

Zusammenhang der Handlung

Die Szene zeigt deutliche Bezüge zu der Verhaftung Josef K.s. Der Aufseher hatte K. gemahnt: „denken Sie weniger an uns [...], denken Sie lieber mehr an sich." (12) Der Feierlichkeit der Verhaftungsszene, die durch die Forderung der Wächter nach einem schwarzen Anzug unterstrichen wurde, entspricht hier der Dom als feierlicher Rahmen. Bei der Verhaftung war K. durch einen Zuruf erschreckt und zum Aufseher beordert worden, im Dom hat der Gefängniskaplan durch den Anruf „‚Josef K.!'" (170) seine Aufmerksamkeit erlangt und ihn kurz darauf im Zorn angeschrien: „‚Siehst Du denn nicht zwei Schritte weit?'" (173). Offenbar ist es K.s Unbelehrbarkeit, die den Zorn des Gefängniskaplans hervorruft. Die Parallelität der beiden Szenen deutet auf

Parallele zur Verhaftung

den Inhalt von K.s Irrtum hin; er hat die Ermahnung des Aufsehers nicht beherzigt, schiebt weiterhin jede Schuld von sich und konzentriert sich mehr auf das Gericht statt auf sich selbst. Da der Gefängniskaplan mit seiner Erzählung K. über diese Täuschung bezüglich des Gerichts aufklären will, gewinnt die Türhüterlegende einen belehrenden Charakter.

K.s Täuschung

Erzählungen und Texte, die einen Sachverhalt beispielhaft zu verdeutlichen trachten, indem sie ihn in einen anderen Lebensbereich übertragen, bezeichnet man als Gleichnis. Gewinnt ein Gleichnis durch den Ausbau zu einer eigenständigen Handlung an Umfang, bezeichnet man eine solche Erzählung als Parabel. Die Türhüterlegende stellt eine solche Parabel dar. Allerdings erweist sich diese als eine typisch kafkaeske, da zwar auf einer Ebene der Parabelkern, das verbindende Gemeinsame, zu erkennen ist, doch letztendlich sich das Geheimnis dieser Parabel nicht vollständig auflösen lässt.

Gleichnis

Parabel

Unauflösbares Rätsel

Die Beispielfunktion dieses Ausschnitts für die gesamte Romanhandlung lässt sich erkennen. Eine erste Parallele zum Roman ist der Mann vom Lande, der aus unerklärlichen Gründen auf ein Ziel fixiert ist, indem er unermüdlich auf seinen „Eintritt in das Gesetz“ (175) wartet, und der damit als Spiegelung von Josef K. erkennbar wird. Roman und Parabel erhellen sich insofern gegenseitig, da Josef K.s Fixierung auf das Gericht erst durch den Mann vom Lande in seiner vollen Tragweite deutlich wird. Auch die in der Legende angedeutete Hierarchie der verschiedenen Türhüter stellt eine Parallele zur Romanhandlung dar. Dass in dem Scheitern der jeweiligen Hauptfiguren eine ebensolche Parallele zu sehen ist, deutet sich hier bereits an.

Parallele zur Romanhandlung

Hierarchie der Türhüter

Auf einer zweiten weiterführenden Sinnebene ist die Parabel jedoch nicht auflösbar; nämlich in der Hinsicht, worin der übergeordnete Sinn des Wartens besteht. Durch seine Aussage, dass er später möglicherweise Einlass erhalten könne, verwehrt der Türhüter dem Mann vom Lande den Eintritt, macht ihm aber gleichzeitig Hoffnungen. Diese Hoffnungen erfüllen sich bis an das Lebensende des Mannes nicht. Im Gegenteil, die Mitteilung, dass das Tor zum Gesetz nur für ihn bestimmt gewesen sei und nun geschlossen werde, wirkt im Moment seines Todes wie ein übler Zynismus.

Frage nach dem Sinn des Wartens

Hoffnung auf späteren Einlass

Unerklärlicher Widerspruch

Die beiden Aussagen des Türhüters stehen aber nicht in einem direkten logischen Gegensatz, obwohl sie doch nicht zueinander passen. Der Leser hat zwar die Empfindung, dass ein Widerspruch besteht, doch ist die Widersprüchlichkeit nicht in den Griff zu bekommen. Dass der Mann sich aufgrund der Aussage des Türhüters Hoffnung auf den möglichen Einlass zu einem späteren Zeitpunkt macht, erscheint einsichtig. Dass ihm jedoch der Einlass verwehrt bleibt, obwohl das Tor ausschließlich für ihn bestimmt war, erzeugt den logischen Knick, der den Leser so fassungslos macht, obwohl faktisch kein Widerspruch besteht. Hätte der Türhüter die Frage nach einem möglichen späteren Einlass klar verneint und das Tor wäre trotzdem einzig für den Mann bestimmt gewesen, wäre der Widersinn offenbar. Doch so entgleitet dem Leser die logische Struktur der Geschichte bei dem Versuch, den Widerspruch namhaft zu machen. Der Eintritt zum Gesetz unterbleibt, weil er verboten bleibt. Doch die Gründe dafür, den Eingang einerseits ausschließlich dem Manne vorzubehalten, andererseits aber gleichzeitig durch das Verbot zu sperren, bleiben ungenannt und uneinsichtig. Genau an diesem Widerspruch entzündet sich die Auslegungsdebatte zwischen dem Gefängniskaplan und Josef K., die jedoch, statt möglicherweise Klarheit in den Text zu bringen, diesen um weitere Widersprüche ergänzt.

Ungenannte Gründe

Widersprüchliche Auslegung

Frage nach der Täuschung

Da der Priester seiner Erzählung vorausgeschickt hat, dass sie von der Täuschung handele, richtet sich die Aufmerksamkeit K.s und des Lesers auf die Frage, worin die Täuschung bestehe. Doch auf K.s These, dass der Mann der Getäuschte sei, antwortet der Kaplan überraschenderweise: „Von Täuschung steht darin nichts." (175) Er hat Recht damit; ausdrücklich und wörtlich wird das Wort Täuschung in der Legende nicht erwähnt. Trotzdem lässt er sich in der Folge auf die Erörterung der Frage ein, wer in der Legende der Getäuschte sei. Seine erste Reaktion legt den Verdacht nahe, dass im Verstehensprozess des Textes ebenfalls die Täuschung zu suchen ist und K. sich auch bei der Auslegung der Legende zu täuschen scheint.

Der Mann vom Lande als der Getäuschte

K. erkennt sofort die Parallele zwischen sich und dem Mann vom Lande und identifiziert sich mit ihm. Er sieht in ihm den Getäuschten, denn der Türhüter habe ihn insofern getäuscht, als er ihm den Eintritt in den nur für ihn bestimmten Eingang vorenthalten, ihm zudem noch für später Hoffnung auf den möglichen Eintritt gemacht habe. Dem widerspricht der Kaplan. Die beiden Aussagen des Türhüters zu Beginn und am Ende dienten nicht zur Täuschung, da zwischen ihnen kein Widerspruch bestehe; die erste weise sogar auf die zweite hin. Der Fehler liege bei dem Mann vom Lande, da er nicht früher die entscheidende Frage gestellt habe. Das Verhalten des Türhüters sei lediglich durch akkurate Pflichterfüllung bestimmt. Eine andere Deutungsvariante gehe sogar noch weiter, indem sie in dem Türhüter den Getäuschten sehe. Er selber befinde sich über das wahre Innere des Gesetzes in Täuschung, da er nie darin gewesen sein könne. Auch über seine Rolle gegenüber dem Manne befinde er sich im Irrtum. Denn er sei ohne sein Wissen diesem Manne untergeordnet, da er durch seinen Dienst gebunden sei, während der Mann die Freiheit habe, überall hinzugehen. Darüber hinaus bewache er ja genau das Tor, das nur für diesen Mann bestimmt sei, und somit stehe er gewissermaßen in dessen Dienst, ohne dass die beiden etwas davon wüssten.

Kein Widerspruch zwischen den Aussagen des Türhüters

Der Türhüter als der Getäuschte

K. gibt sich mit seiner Argumentation noch nicht geschlagen. Selbst wenn es richtig sei, dass der Türhüter sich über sich selbst und den Mann vom Lande täusche, übertrage sich doch diese Täuschung auf den Mann und schade ihm doch wesentlich mehr als dem Türhüter. Der Geistliche spricht K. jedoch das Recht ab, über den Türhüter zu urteilen, da dieser durch seinen Dienst zum Gesetz gehöre und damit dem menschlichen Urteil entrückt sei. Da er im Dienst des Gesetzes stehe, sei er auch nicht dem Manne untergeordnet. Ein Zweifel an ihm gelte gleichzeitig dem Gesetz. K. kann sich mit diesem Argument nicht zufrieden geben, da er nach wie vor der Ansicht ist, dass der Türhüter den Mann, wenn auch vielleicht unwissentlich, angelogen habe. Durch die Übertragung der Unantastbarkeit des Gesetzes auf seine Diener werde seine Aussage zur Wahrheit erklärt, was aber nach den Ausführungen des Kaplans nicht möglich sei. Der Geistliche weist den Vorwurf der Widersprüchlichkeit zurück, indem er die Kategorie der Notwendigkeit über die der Wahrheit setzt. „‚Man muß nicht alles für wahr halten, man muß es nur für notwendig halten.'"

Übertragung der Täuschung

Gesetz dem menschlichen Urteil enthoben

Notwendigkeit statt Wahrheit

„‚Die Lüge wird zur Weltordnung gemacht'" (180), lautet K.s abschließender Kommentar.

Die Auslegungsdebatte hat dem Text eine Sinnebene hinzugefügt, die bis dahin darin nicht zu erkennen war. Dadurch dass der Mann vom Lande als vollkommen frei bezeichnet wird, wird sein Warten vor dem Tor als unverständliche Fixierung deutlich und damit als Parallele zur Romanhandlung erkennbar. Die Schlusssätze des Gefängniskaplans gegenüber Josef K. verstärken diese Parallele noch: „‚Das Gericht will nichts von Dir. Es nimmt Dich auf, wenn du kommst, und es entläßt Dich, wenn Du gehst.'" (181) Damit wird im Nachhinein K.s Bemühung um das Gericht noch einmal als zwanghaft-freiwillige Handlung gedeutet.

Türhüter als pflichttreuer Beamter

Der Türhüter erweist sich hingegen als ein nur seiner Pflicht lebender Beamter. Ohne Reflexion versieht er seinen Dienst, der an sich vollkommen widersinnig ist. In dieser Funktion ist er tatsächlich dem Manne untergeordnet, da er einen Dienst versieht, der nur für diesen Mann vorgesehen ist und diesem ‚dienen' soll. Jedoch glaubt er sich dem Manne überlegen und lässt ihn dies auch durch sein herablassendes Betragen spüren. Seine dienstliche Aufgabe ist zwar in ihrem Zweck auf den Mann vom Lande gerichtet, in sich aber doch widersinnig, und es ist daher die Frage zu stellen, ob dieser Dienst überhaupt notwendig ist. Doch die Frage nach der Berechtigung und Glaubhaftigkeit des Türhüters wird abgeblockt, indem er als Vertreter der Instanz Gesetz als unantastbar gilt. Die hinter dem Vorwurf der Lüge steckende Frage nach dem Sinn des Türhüters wird verworfen. Der Dienst hat einen solchen Selbstzweck gewonnen, dass die innere Notwendigkeit als Maßstab über die Wahrhaftigkeit gestellt wird. In dieser Bedeutung erscheint der Türhüter als das Sinnbild des modernen Beamten, der als Vertreter des anonymen Verwaltungsapparats nicht mehr den ursprünglichen Sinn dieser Einrichtung, sondern nur noch deren davon losgelöste Eigendynamik verkörpert.

Frage nach dem Sinn des Türhüters

Paradoxien der Türhüterlegende

Doch trotz ihrer scheinbaren Deutbarkeit setzt die Auslegungsdebatte die Paradoxien der Türhüterlegende fort. Vor allem die Aussagen des Gefängniskaplans rufen immer wieder die Verwirrung des Lesers hervor. Eine Deutungsvariante bezeichnet den Türhüter als dem Manne wegen seines Dienstes untergeordnet, doch abschließend heißt es, dass er als Diener des Gesetzes auf keinen Fall dem Manne untergeordnet sein könne. Obwohl er die Erzählung mit dem Hinweis auf die Täuschung eingeleitet hatte und obwohl der Leser und K. nun den Text nach seiner Aussage bezüglich der Täuschung befragen, behauptet er kurz darauf, dass von der Täuschung nichts in dem Text stehe. Aber doch ist der Text trotz des Fehlens der genauen Erläuterung zur Täuschung so angelegt, dass er zum Nachdenken über die Täuschung in diesem Text herausfordert. „‚Du musst nicht zuviel auf Meinungen achten'" (230), ermahnt der Kaplan K., fährt jedoch fort, ihm die verschiedenen Meinungen, die über den Text bestehen, darzulegen. Die Widersprüche der Auslegung finden ihren Höhepunkt in der Aussage: „‚Richtiges Auffassen einer Sache und Mißverstehn der gleichen Sache schließen einander nicht vollständig aus.'" (177)

Mit diesen nicht auflösbaren Widersprüchen reiht der Gefängniskaplan sich in die Reihe der Personen ein, bei denen K. Informationen über das Gericht zu erlangen gehofft hatte, die ihn jedoch mit Scheininformationen immer wieder ins Leere laufen lassen. Indem er den Türhüter als Vertreter des Gesetzes in Schutz nimmt und K. durch seine Ermahnungen, zu denen auch die Parabel, die er erzählt, zu rechnen ist, zu einem anderen Verhalten bringen möchte, entpuppt er sich als weiterer Zugehöriger zu der von K. als fremd, anonym und übermächtig erfahrenen Macht. Auch er scheint nur auf die völlige Unterwerfung K.s abzuzielen. Zwar ist K. durch die Erzählung des Kaplans die Einsicht in das Wesen des Gerichts und des Verfahrens möglich, doch belehrt worden ist er durch die Unterhaltung nicht. Das Licht, das der Geistliche ihm zu Beginn der Szene in die Hand gegeben hatte, ist erloschen. Darin symbolisiert sich, dass K. keinen Erkenntnisprozess vollzogen hat.

K. gewinnt keine Erkenntnis

Als prägend für die Türhüterlegende und die Auslegungsdebatte hat sich der innere Widerspruch zwischen den einzelnen Aussagen erwiesen. Die Stilistik (= die Lehre von der Gestaltung des sprachlichen Ausdrucks) bezeichnet die Vereinigung scheinbarer Widersprüche in einer Aussage als Paradoxon. Durch die Kombination von einander scheinbar ausschließenden Begriffen oder Aussa-

Paradoxon als Stil- und Erkenntnismittel

gen wird auf eine höhere Weisheit hingewiesen, indem sich bei näherer Betrachtung die Widersprüche als nur scheinbare herausstellen. Einfachste paradoxe Strukturen finden sich schon in bekannten Sprichwörtern wie „Einmal ist keinmal.“

Struktur des Kafka'schen Paradox'

Doch das Kafka'sche Paradox weist eine eigene Struktur auf, die sich bei der Betrachtung der Türhüterlegende bereits andeutungsweise gezeigt hat. Zum genaueren Verstehen dieses Stilmittels soll der kurze Text „Die Bäume“, den Kafka 1913 zusammen mit anderen kürzeren Texten unter dem Titel „Betrachtung“ (enthalten in *Sämtliche Erzählungen*) veröffentlicht hat, wegen seiner bildhaften Anschaulichkeit herangezogen werden:

> „Denn wir sind wie Baumstämme im Schnee. Scheinbar liegen sie glatt auf, und mit kleinem Anstoß sollte man sie wegschieben können. Nein, das kann man nicht, denn sie sind fest mit dem Boden verbunden. Aber sieh, sogar das ist nur scheinbar.“ (Kafka, 1996, S. 9)

Gleichnis für die menschliche Existenz?

Die ersten drei Sätze muten an wie ein Gleichnis für die menschliche Existenz. Bis zum dritten Satz erscheint auch die Logik des Textes vollkommen in Ordnung, und der Leser kann ohne Mühe folgen und eine Einsicht in die von dem Text intendierte Lehre gewinnen. Dem Eindruck des Scheinbaren wird widersprochen, indem mit „denn“ die kausale Begründung für den tatsächlichen Zustand der Bäume gegeben wird. Der scheinbare Eindruck wird als falsch erkannt. Doch der vierte Satz zerstört die bis dahin gewonnene Sicherheit. Indem dem als Begründung Gegebenen durch das Adverb „scheinbar“ jede Zuverlässigkeit genommen wird, greift der Leser wieder auf den ersten Eindruck zurück: Wenn die feste Verankerung der Bäume nur scheinbar ist, können sie eigentlich nur glatt aufliegen. Doch diese Möglichkeit ist bereits vorher als Trug erkannt worden, der allerdings als Ausweg auf die Lösung hin nur die Möglichkeit der festen Verankerung offen lässt, und die ist nur scheinbar. Der Leser ist somit durch seinen Versuch, die erkannte Widersprüchlichkeit aufzulösen und zu einer logisch eindeutigen und befriedigenden Lösung zu gelangen, in einen Kreis geraten, der keinen Ausweg offen lässt. Der Leser bleibt in dem paradoxen Zirkel gefangen, der keine widerspruchsfreie Lösung ermöglicht. Bei dem Bemü-

Zerstörung der Sicherheit

Paradoxer Zirkel

Kreisstruktur des Verstehens

hen, eine bis dahin vielleicht unentdeckte Möglichkeit als Ausweg aus dem Zirkel zu erkennen, erfüllt der Leser seine Aufgabe, die Dichtung weiterzudichten. Die Frage nach der gleichnishaften Bedeutung der kurzen Parabel für das Leben des Menschen, die nach dem ersten Satz aufgetreten war, bleibt ungelöst.

Hermetik

Statt also dem Leser die durch den ersten Satz angedeutete Erkenntnis zu vermitteln, verschließt sich der Text vor dem Leser. Eine Dichtung, die sich dem interpretierenden Zugriff zu entziehen versucht und nie ganz und eindeutig gedeutet werden kann, wird als hermetische Dichtung (Hermetik = Abgeschlossenheit in sich, Unerschließbarkeit) bezeichnet. Kafkas Texte zeichnen sich überwiegend durch eine solche Hermetik aus, doch im Gegensatz zur dunklen Hermetik z. B. der modernen Lyrik, die aus einer rational nicht entschlüsselbaren subjektiven Empfindung entspringt, wird die Kafka'sche Hermetik u. a. durch das spezifisch kafkaeske Paradox bewirkt, das meist die oben erläuterte Zirkelstruktur aufweist und nicht vordergründig aus subjektiven Empfindungen, sondern einem Übermaß an scharfsinniger Logik erwächst.

Gleitendes Paradox

Ein weiteres Kennzeichen des Kafka'schen Paradoxes besteht darin, dass es sich zwar aus unauflösbaren Unstimmigkeiten zusammensetzt, die aber in den meisten Fällen nicht erstarren. Unerwartete Schwenkungen des Gedankengangs weichen vom Normalverständnis ab und wirken verstörend auf die herkömmliche Logik, aber der Widerspruch wird niemals starr und ergibt sich gerade erst aus der Kreisbewegung des Denkens. Dieses Verfahren lässt sich als „gleitendes Paradox“ bestimmen.

Paradoxe Zirkelstruktur der Legende

Die paradoxe Zirkelstruktur der Türhüterlegende besteht in dem mehrmaligen Wechsel zwischen den Fragen: Wenn das Tor nur für den Mann vom Lande bestimmt war, warum wird er dann nicht eingelassen? Da er nicht eingelassen wurde, inwiefern und warum war der Eingang dann nur für ihn bestimmt? Der Bericht des Kaplans über die vorhandenen Interpretationen der Legende referiert Standpunkte, die in sich scheinbar logisch sind, dennoch einander widersprechen. Die wesentliche Paradoxie besteht also darin, dass die scheinbar zur Unterrichtung über den Sinn der Legende unternommene Darlegung offenbar nur die Unzulänglichkeit und

Grundsätzliche Unmöglichkeit der Auslegung

die grundsätzliche Unmöglichkeit jeder Auslegung beweisen soll. Das üblicherweise zur Belehrung dienende Gleichnis scheint hier also paradoxerweise nur dazu zu dienen, es der schlüssigen Auslegung zu entziehen. Dieses gleitende Paradox, das meist in der Zirkelgestalt auftritt, erschien Kafka als angemessene Ausdrucksweise für die ihm gemäße Logik. Wenn er den Gefängniskaplan sagen lässt: „‚Richtiges Auffassen einer Sache und Mißverstehn der gleichen Sache schließen einander nicht vollständig aus'" (177), bringt er damit eine für ihn typische Denkstruktur zum Ausdruck. Ihm galt die starre Polarisierung der Kategorien Ja und Nein als Reduzierung und unrealistische Verarmung des Denkens. Mit seinen Paradoxa versuchte Kafka die polaren Begriffe in einer Einheit zusammenzufassen. Die Vorstellung der sich einander bedingenden Gegensätze, die durch ihr Zusammenwirken erst die größere Ganzheit ermöglichen und erzeugen, ist ein Denkmodell, dem man in außereuropäischen Philosophien wie z. B. dem Buddhismus häufig begegnet.

Polarität und Einheit

Exkurs: Kafka und die Psychoanalyse

Freuds Theorie

- Nach Ansicht der von dem Wiener Arzt Sigmund Freud (1856–1939) begründeten Psychoanalyse erwächst seelisches Leiden aus den Konflikten des Einzelnen mit der Umwelt und ihren Werten und Normen.
- Diese Sichtweise teilt auch Kafka.

Geistesgeschichtliche Epochen

Geistesgeschichtliche Epochen lassen sich im historischen Rückblick gerade dadurch erkennen und abgrenzen, dass ein Interesse an bestimmten Fragen und Problemen in einem Zeitraum besonders groß und allgemein gewesen zu sein scheint. Aus diesem Interesse erwachsen dann auch spezifische Verhaltensweisen und besondere kulturelle Leistungen einer Generation. Kafkas Interesse für die Schuldproblematik kann als epochentypisch für die Zeit des frühen 20. Jahrhunderts angesehen werden. Viele andere junge Literaten setzten sich auf ihre Weise mit dieser oder damit zusammenhängenden Fragestellungen auseinander.

Schuld als gesellschaftliche und psychische Kategorie

Das Phänomen Schuld entsteht durch den Verstoß gegen Normen. Ein Schuldgefühl setzt voraus, dass der Einzelne diese Normen akzeptiert und annimmt. Damit wird der Komplex Schuld zu einer Fragestellung auf der Grenze zwischen Gesellschaftswissenschaft und Psychologie. Die Tiefenpsychologie versuchte wissenschaftlich die Mechanismen der zwischenmenschlichen Konflikte und der daraus resultierenden Konflikte im einzelnen Menschen selbst zu ergründen. Der Wiener Arzt Sigmund Freud (1856–1939) war bei der Suche nach besseren Therapieverfahren für psychisch leidende Menschen zu seiner Theorie der Psychoanalyse gelangt.

Freuds Theorie der Psychoanalyse

In der Theorie geht Freud davon aus, dass alles menschliche Handeln begründet („determiniert") ist, dass es keine unbeabsichtigte Handlung gibt. Dem Menschen sind die Gründe für sein Handeln jedoch häufig selbst nicht bewusst, da der Teil seines Inneren, den der Mensch bewusst wahrnimmt (Bewusstsein), nur die Oberfläche seiner Psyche darstellt, die darunter den sehr viel größeren

Das Unterbewusstsein

Bereich des Unterbewussten hat, der dem Menschen nur mittelbar über Umwege erfahrbar ist.

Das Über-Ich und das Es

Die Gesamtheit der Persönlichkeit des Individuums, das „Ich", bildet sich aus zwei Bereichen, die überwiegend im Unterbewusstsein liegen, dem „Über-Ich" und dem „Es". Das Es beinhaltet alle dem Menschen eigenen Instinkte, Triebe, Bedürfnisse, Wünsche, die von den im Laufe der Sozialisation erworbenen Verhaltensnormen, die überwiegend von der Gesellschaft gegeben sind, kontrolliert werden; das Über-Ich könnte vage mit der Instanz des Gewissens verglichen werden. Konflikte zwischen den Ansprüchen des Es und den Vorschriften des Über-Ich rufen im psychischen Apparat Angstzustände hervor, so dass mögliche Konfliktsituationen bereits im Voraus als angstmachend erlebt werden.

Innere Konflikte führen zu Angst

Geschlechtstrieb als zentraler Trieb

Als zentralen und weite Verhaltensbereiche bestimmenden Trieb nahm Freud den Geschlechtstrieb an. Da jedoch gerade der Geschlechtstrieb durch gesellschaftliche Normen und Tabus (Über-Ich) unterdrückt wird, ergeben sich hieraus Konflikte, die nicht selten zu Störungen der Persönlichkeit, ja zu krankhaften Veränderungen des Verhaltens und des Körpers führen können. An diesem Modell wird deutlich, wie von außen diktierte Normen in das Innere des Einzelnen aufgenommen werden und wie Konflikte zwischen dem Individuum und der Gesellschaft durch diese Internalisierung ichfremder Autorität zu Konflikten im Individuum selbst werden können. Als Ur-Modell eines typischen Konflikts kann der Vater-Sohn-Konflikt angesehen werden, wobei im übertragenen Sinne auch eine Revolution als Auflehnung gegen eine patriarchalische Macht gedeutet werden kann. Im Rahmen der Analyse der Ursachen und der Entstehung von Konflikten fand der Vater-Sohn-Konflikt das besondere Interesse Freuds. Er interpretiert diesen sich im Innern wie im Äußeren des Menschen zeigenden Konflikt ebenfalls im Sinne des durch Normen blockierten Geschlechtstriebs.

Internalisierung fremder Maßstäbe

Vater-Sohn-Konflikt

Otto Gross: Psychoanalyse als Instrument der Gesellschaftskritik

Ganz ins Zentrum seines Interesses stellte der unorthodoxe Freud-Anhänger Otto Gross den Vater-Sohn-Konflikt, doch er versteht Psychoanalyse über die psychologisch-medizinischen Aspekte hinaus als Instrument der Gesellschaftskritik. Denn nach seiner Auffassung sind innere Konflikte und Machtkämpfe nur das Spiegelbild äußerer zwischenmenschlicher Beziehungen. Konflikte zwischen dem Einzelnen und der Allgemeinheit wandeln sich unter dem Druck des gesellschaftlichen Zusammenlebens mit seinen Normen und Tabus zu Konflikten im Individuum selbst, da das Individuum die Normen der Allgemeinheit verinnerlicht. Die so ins Innere eingedrungene Autorität führt in der Psyche zu Konflikten zwischen dem Eigenen und Fremden, zwischen den individuellen Bedürfnissen und dem Anerzogenen und Aufgezwungenen.

Antworten auf die Fragen einer Generation

Freud und insbesondere Gross formulieren mit ihren Thesen Probleme aus, die scheinbar bezeichnend für die gesamte jüngere Generation zu Beginn des 20. Jahrhunderts waren. Die Resonanz auf Gross' Veröffentlichungen und die öffentliche Anteilnahme an seinem persönlichen Schicksal – sein Konflikt mit dem eigenen Vater, dem Juristen Hans Gross, nahm teilweise solche Dimensionen an, dass man ihn unschwer in ein Werk Kafkas integrieren könnte – beweisen dies.

Kafkas Stellungnahme zur Psychoanalyse

Franz Kafka war mit der Theorie der Psychoanalyse vertraut, und ihm, der sich intensiv mit der Analyse der eigenen Person, deren Werden und Leiden auseinandersetzte, waren die Gedanken Freuds einsichtig, doch „in dem therapeutischen Teil der Psychoanalyse“ sah er „einen hilflosen Irrtum“ (Brief an Milena, Prag, November 1920).

Zweifel an den therapeutischen Chancen

Nach Kafkas Ansicht erwächst seelisches Leiden aus den Konflikten des Einzelnen mit der Umwelt und deren Werten und Normen, doch eine Heilung hielt er für unmöglich.

Seit seiner persönlichen Bekanntschaft mit Otto Gross im Jahr 1910 fühlte Kafka sich diesem zeitweilig eng verbunden. Das verbindende Element zwischen ihnen war das beiderseitige Interesse am Vater-Sohn-Konflikt, denn auch Franz Kafkas Gedanken kreisen in Tagebüchern, Briefen und literarischen Werken um dieses Problem. Um die pessimistische Einschätzung Kafkas gegenüber den therapeutischen Ansätzen der Psychoanalyse besser zu verstehen, muss man seine Persönlichkeit etwas näher kennenlernen, indem man einen kurzen Einblick in seine Biographie nimmt. Bezogen auf den Roman ist der Frage nachzugehen: Was veranlasste Kafka dazu, Josef K. aufgrund einer für diesen nicht einsehbaren und auch im weiteren Verlauf nicht eingesehenen allgemein menschlichen Schuld zum Tode zu verurteilen und dieses Urteil erbarmungslos vollstrecken zu lassen?

Biographische Bezüge

Werkinterpretation und Biographik

Verhältnis von Werk und Biographie des Autors	→ Die Konzepte eines Autors erwachsen aus seinen individuellen Erfahrungen. → Häufig löst sich das Werk von den Bezügen zur Biographie und gewinnt Allgemeingültigkeit. → In Kafkas Werken gibt es autobiographische Signale. → Trotzdem sind die Romanfiguren Modellfälle für allgemeingültige Erfahrungen.

Bedeutung der Biographie für ein Werk …

Jedes literarische Werk, das mit dem Anspruch auftritt, dem Leser eine bedeutsame Interpretation von Welt und Wirklichkeit zu vermitteln, ist gerade deshalb von den Konzepten des Autors, d. h. seinem Weltbild mit den ihm eigenen Deutungen und Wertvorstellungen, geprägt. Die Konzepte im Innern des Autors, die ihn veranlassen, die Geschichte des Romans in einer bestimmten Weise zu gestalten und dem Leser zu vermitteln, erwachsen ganz selbstverständlich aus der Biographie des Autors. Insofern hat jede Literatur einen autobiographischen Hintergrund. Dennoch: „Je vollkommener die Dichtung ist, desto weniger verweist sie auf den Dichter", hat Martin Walser bezogen auf Kafka geäußert. Dichtung benötigt zu ihrem Verständnis nicht die Biographie des Autors. Denn der Dichter möchte seine Aussagen mit einem allgemeingültigen Anspruch darstellen. Mit Hilfe literarischer Techniken und sprachkünstlerischer Überformungen schafft er ein Werk, das rasch von seiner Persönlichkeit Distanz gewinnt und in ein Stadium der Autonomie tritt. Wo diese Allgemeingültigkeit nicht gewonnen wird, haftet der Literatur etwas Intim-Bekenntnishaftes an. Dem Leser bereitet ein solches Werk die Peinlichkeit der Konfrontation mit allzu Persönlichem.

… und für die Interpretation

Anspruch auf Allgemeingültigkeit

Die Forderungen nach einer von der Biographie losgelösten Werkinterpretation können im Falle Franz Kafka nicht so radikal aufrechterhalten werden. Seine Texte sind sehr eng an seine individuelle Existenz geknüpft, und ein vollständiger Aufschluss über seine Werke ist ohne einen Blick auf seine Biographie und Persönlichkeit möglicherweise nicht zu gewinnen. Er hat in seinen Werken gezielt autobiographische Signale gesetzt, die er Bekannten, Freunden und Familienangehörigen gegenüber auch selbst entschlüsselt hat. So wies er beispielsweise darauf hin, dass der Name der Hauptfigur in seiner Erzählung *Das Urteil*, Georg Bendemann, sich auf Franz Kafka zurückführen lasse: Die Buchstabenzahlen der Vornamen und die von „Bende-" und „Kafka" stimmen überein, „Bende-" wiederholt an den gleichen Stellen wie „Kafka" einen Vokallaut. Das Anhängsel „-mann" mag eine Verallgemeinerung andeuten. Das gleiche Prinzip der Verschlüsselung in der Art eines Kryptogramms weist „Gregor Samsa" in *Die Verwandlung* auf. Die Hauptfiguren der Romane *Der Proceß* und *Das Schloß* tragen als Nachnamen nur noch ein großes K, worin man die unverhohlene Abkürzung des Namens Kafka sehen kann. „Josef" dürfte als Tauschname für Franz in der Zeit des Kaisers Franz-Joseph nahegelegen haben. Die autobiographische Komponente seines Schreibens hat Kafka mehrfach zugegeben: „Der Roman bin ich, meine Geschichten sind ich." (Brief an Felice vom 2./3. 1. 1913)

Enge Verbindung von Kafkas Leben und Werk

Autobiographische Signale

Und doch sind mit den Romanfiguren Kafkas nicht bestimmte authentische Personen gemeint. Dafür sind sie zu gesichtslos. Vielmehr sind sie als Beispiele gedacht, anhand deren das Allgemeingültige aufgezeigt werden soll. Kafka will allgemeingültige Prinzipien zwischenmenschlicher Konflikte, die er an seiner eigenen Person erfahren hat, in literarischen Werken sinnfällig machen. Trotz der Zuhilfenahme biographischer Einzelheiten darf deren Interpretation der Person Franz Kafka nicht zu nahe treten oder ihn aus einem tiefenpsychologischen Interesse heraus zum psychotherapeutischen Patienten degradieren.

Kafkas Romanfiguren als Modellfälle

Zur Person Franz Kafka

Ausgeprägter Vater-Sohn-Konflikt	→ Kafka erfuhr eine stark autoritär geprägte Erziehung und litt bis ins Erwachsenenalter unter einem Vater-Sohn-Konflikt. → Dies drückt sich in seiner widersprüchlichen Persönlichkeit aus. → Kafka gelang keine erfüllte Beziehung zu einer Frau. → Literatur dient ihm als Instrument der Selbstanalyse.

Vater-Sohn-Beziehung

Wenn man sich mit der Persönlichkeit Kafkas beschäftigt, fällt eine übergroße Fixierung auf den Vater auf. Zwar hat Sigmund Freud den Vater-Sohn-Konflikt als zur Natur des Menschen zugehörig diagnostiziert, doch übersteigt der Konflikt zwischen Vater und Sohn Kafka in der Offenheit seiner Austragung und Ausweglosigkeit der Bewältigung das normal übliche Maß. Franz Kafka hat diese Auseinandersetzung in einem umfangreichen Brief, der später als Buch veröffentlicht wurde, eindrucksvoll dokumentiert (*Brief an den Vater*). Doch in seiner Art ist dieser *Brief an den Vater* selbst wieder zum literarischen Werk geworden. Durch Übertreibungen der Polarisierung stilisiert Kafka wohl die Auseinandersetzung. Unter dem Schlüsselbegriff „Kampf" kreist der Brief um die Themen Angst und Schuld, Anklage und Verurteilung, Freiheit und Herrschaft, Künstlertum und Beruf, Sexualität, Ehe und Familie.

Brief an den Vater

Hermann Kafka

Der Vater Hermann Kafka (1852–1931) stammte aus ärmsten Verhältnissen in ländlicher Gegend. Mit Hilfe des kleinen Vermögens, das seine Frau Julie (1856–1934) in die Ehe eingebracht hatte, eröffnete er ein Geschäft und brachte es durch Fleiß, Geschäftstüchtigkeit und Durchsetzungsvermögen zum Status eines relativ angesehenen und wohlhabenden Kaufmanns. Um sich Respekt und Gehorsam der Kinder zu sichern, hielt der autoritäre Vater ihnen, die in bequemen Verhältnissen lebten, die Entbehrungen seiner harten Kindheit vorwurfsvoll vor und erwartete eine ihm ebenbürtige Tüchtigkeit. Insbesondere seinem Sohn Franz machte er stets schwere Vorwürfe wegen seiner Andersartigkeit.

Autoritäre Erziehung

Vorwürfe gegen den Sohn Franz

Diese Erfahrung, dass er in seiner Art und mit seinen Neigungen nicht akzeptiert wurde und dass er andererseits den väterlichen Erwartungen nicht entsprechen konnte (und wollte), prägte die Persönlichkeit Kafkas entscheidend. Innerlich war er von permanenten Angstzuständen, Unsicherheiten, Minderwertigkeits- und Schuldgefühlen sowie Kontaktschwierigkeiten bedrängt, während er äußerlich die Fassade des gesunden, freundlich-unproblematischen Menschen zu wahren verstand. Doch in Tagebüchern, Briefen und literarischen Werken drückte er seine vielschichtige und widersprüchliche Persönlichkeit in akribischen Selbstanalysen aus. „Unentrinnbare Verpflichtung zur Selbstbeobachtung: Werde ich von jemandem andern beobachtet, muss ich mich natürlich auch beobachten, werde ich von niemandem sonst beobachtet, muss ich mich um so genauer beobachten", trägt Kafka am 7. November 1921 in sein Tagebuch ein.

Minderwertigkeitsgefühle und Kontaktschwierigkeiten

Kafkas Interesse für Literatur fand beim Vater kein Verständnis, weshalb dieser ihn statt zu Germanistik zum Jurastudium bewegte. Franz Kafka hat dieses Studium und seine spätere Beamtentätigkeit bei einer Versicherung als promovierter Jurist nie gemocht. Einer der Höhepunkte an Erniedrigungen und Verletzungen durch den Vater muss dessen Kommentar zur Mitteilung seines Sohnes, dass er sich verlobt habe, gewesen sein: „Sie hat wahrscheinlich irgendeine ausgesuchte Bluse angezogen, wie das die Prager Jüdinnen verstehen, und daraufhin hast Du Dich natürlich entschlossen, sie zu heiraten. […] Gibt es da keine anderen Möglichkeiten? Wenn Du Dich davor fürchtest, werde ich selbst mit Dir hingehn." (Kafka, 1999, S. 52) Indem der Vater ihm nahelegt, statt sich mit einer ‚Beliebigen' zu verloben, ein Bordell aufzusuchen, entlarvt er seine eigene bürgerliche Doppelmoral. Dass der Sohn Kontaktschwierigkeiten zu Frauen und ein gespaltenes Verhältnis zu Sexualität, Ehe und Familie hatte, verwundert danach nicht mehr.

Ungeliebter Beruf

Erniedrigungen durch den Vater

Doppelmoral des Vaters

Als Franz Kafka 1912 bei der Familie seines Freundes Max Brod die in Berlin lebende Felice Bauer kennenlernt und sich dieser Frau in der folgenden Zeit annähert, entwickelt sich eine Beziehung, wie man sie sich kaum eigenartiger und zwiespältiger vorstellen kann. Aufgrund der räumlichen Entfernung zwischen Berlin und Prag gestaltet sich diese Beziehung überwiegend in

Felice Bauer

Intensiver Briefwechsel

Form eines Briefwechsels, der an Umfang und Intensität seinesgleichen sucht. Gleichzeitig mit dieser Korrespondenz erlebt Kafka eine Phase hoher literarischer Produktivität. Die Werke, die seinen endgültigen Durchbruch zu dem ihm eigenen Stil markieren, *Das Urteil* und *Die Verwandlung*, entstehen. Seine Briefe an Felice stellen wohl nicht nur Dokumente erhöhter Selbstreflexion dar, sie sind sicherlich nicht ganz frei von literarischem Rollenspiel.

Innere Konflikte

Als die persönliche Annäherung an Felice Bauer so weit gediehen ist, dass Kafka sie bittet, seine Frau zu werden, scheinen die inneren Konflikte, die ihm aus dieser Beziehung erwachsen, einen ersten Höhepunkt erreicht zu haben. Er versucht, seine Verlobte in spe zu überzeugen, dass sie ihn doch nicht heiraten solle, und führt hierzu ganze Listen von Argumenten auf. Doch trotz seiner Gegenbeweise kommt es im Mai 1914 zur Verlobung – Kafka empfindet die Feier im Familienkreis als „Folterung" –, der bereits am 23. Juli 1914 die Entlobung im Berliner Hotel „Askanischer Hof" folgt. Kafka kommentiert dieses Ereignis in seinem Tagebuch mit den Worten „Gerichtshof im Hotel". Er hat sich widerstandslos die Schuldzuweisungen gefallen lassen und das „Urteil" hingenommen. Wenige Tage später skizziert er in seinem Tagebuch einen ersten Entwurf für seinen Roman *Der Proceß*, der eindeutig durch das Erlebnis im „Askanischen Hof" inspiriert ist.

Verlobung

Entlobung

Auslöser für den Roman

Zweite Verlobung

Trotzdem bricht der Kontakt mit Felice nicht ab. 1917 kommt es zur zweiten Verlobung zwischen den beiden, die allerdings wiederum kaum ein halbes Jahr hält. Der Entlobungsgrund ist diesmal von Kafkas Seite aus die nun aufgetretene Krankheit: Lungentuberkulose. Diese „Krankheit zum Tode" ist auch der Grund für ihn, die ungeliebte Berufstätigkeit aufzugeben. Die danach trotzdem noch zustande kommenden Beziehungen zu anderen Frauen lassen die Krankheit als Entlobungsgrund jedoch fadenscheinig wirken. Aber auch die späteren Beziehungen sind nicht von langer Dauer.

Entlobung und Krankheit

Andere Frauen und Beziehungen

Dritte Verlobung

Die Verlobung mit Julie Wohryzek (1919) provozierte den oben zitierten Kommentar des Vaters und hat nicht lange Bestand. Das geistige Einverständnis mit der verheirateten Journalistin Milena Jesenká, die seine Werke ins Tschechische übersetzt, findet wiederum Entsprechung in einem umfangreichen Briefwechsel, aber nicht in einer dauerhaften Beziehung. Dem Verhältnis mit Dora Diamant, mit der der bereits sehr geschwächte Kafka einige Zeit zusammenlebt, setzt sein früher Tod das Ende.

Kafkas Tod

Die Gründe für das Misslingen der persönlichen Bindungen sind schwer zu durchschauen und vielschichtig. Denn in Kafka befanden sich äußerste Berühungs- und Bindungsängste und die Sehnsucht nach der Erfüllung und Geborgenheit durch die und in der Familie in ständigem Widerstreit. Ehe und Familie erschienen ihm als höchstes anzustrebendes Gut, und die elterliche Ehe galt ihm in gewissen Belangen als vorbildlich. Doch durch das Verhalten des Vaters war er so tief geprägt, dass er vor Selbstzweifeln und Minderwertigkeitsgefühlen nicht an seine Eignung zum Ehemann und Familienvater, der ja der Familie gegenüber fürsorgliche Verantwortung zu tragen habe, glaubte. Ehe und Familie stellten für ihn die Möglichkeit der „schärfste[n] Selbstbefreiung und Unabhängigkeit“ (Kafka, 1999, S. 54), der ‚Ebenbürtigkeit‘ mit dem Vater dar.

Bindungsangst

Bedeutung von Ehe und Familie

Andererseits fürchtet Kafka die Bindungen und Verpflichtungen der Ehe. Seine erste Präferenz sollte auch nach einer Heirat die Literatur sein. In seiner schriftstellerischen Tätigkeit hat er sich einen Lebenswandel angewöhnt, der einem Eheleben kaum zuträglich gewesen wäre. Er kam um halb drei aus dem Büro, aß und schlief dann bis sieben oder acht Uhr, ging danach eine Stunde spazieren, um anschließend bis ein oder zwei Uhr nachts zu schreiben. Dass er diesen Lebenswandel wegen einer Frau nicht aufzugeben bereit war, beweist den ungeheuren Stellenwert, den die Literatur bei ihm einnahm. Auch den Beruf begriff Kafka als lästiges Hindernis für seine literarische Tätigkeit.

Stellenwert der Literatur für Kafka

Aus seinen ungelösten Konflikten war ihm das schon fast krankhaft-zwanghafte Bedürfnis erwachsen, sich und sein Verhältnis zur Umwelt literarisch zu analysieren und darzustellen. Seine Äußerungen über den Stellenwert der Literatur für ihn befremden und erschüttern in gleichem Maße: „Aber jeden Tag soll zumindest eine Zeile gegen mich gerichtet werden, wie man die Fernrohre jetzt gegen den Kometen richtet.“ (Kafka, 1973, S. 10) Und: „Wenn das Buch, das wir lesen nicht

Literarische Selbstanalysen

mit einem Faustschlag auf den Schädel weckt, wozu lesen wir dann das Buch? […] ein Buch muß die Axt sein für das gefrorene Meer in uns", notiert er in einem Brief. So scheint er fast zu fürchten, dass eine eheliche oder familiäre Bindung ihn aus der inselhaften Isolation, in die er sich getrieben fühlt und in die er sich hineinflüchtet, die gleichzeitig Voraussetzung und Thema seines Schreibens ist, herausführen könnte. Diese Einstellung ist in sich widersprüchlich, denn mit dem Schreiben – von Literatur, Briefen und Tagebüchern – möchte Kafka ja die Isolation durch zumindest eingleisige Kommunikation aufbrechen. Das Paradox der inneren Verfassung ist das Thema und der Darstellungsstil seiner Werke; mit der dunklen Hermetik verschließt er sich vor dem Leser und möchte ihn doch erreichen.

Isolation als Voraussetzung und Thema

Einen Hinweis auf die Auswegfunktion des Schreibens aus inneren Konfliktsituationen bzw. dessen therapeutischer Funktion gibt das verstärkte Auftreten literarischer Produktivität Kafkas im Zusammenhang mit den persönlichen Problemsituationen. In den weniger produktiven Phasen wandte er sich vermehrt der Lektüre zu. Kurz vor der Niederschrift des Romans *Der Proceß* hatte er die Novelle *Michael Kohlhaas* seines Lieblingsautors Heinrich von Kleist gelesen. Das dort vorgefundene Schema von Rebellion gegen eine bestehende Autorität, Scheitern der Rebellion und Bestrafung kehrt in vielen Werken Kafkas auf einer anderen Sinnebene wieder.

Auswegfunktion der Literatur

Vorbild: Kleist

Der Proceß vor dem biographischen Hintergrund

Das Selbstgericht	
	→ Die ersten Entwürfe für den Roman *Der Proceß* entstehen in zeitlicher Nähe zu Kafkas Verlobung. → Der Text wirkt wie eine Metapher des inneren Selbstgerichts. → Der innere Konflikt wird auf mehrere Personen aufgespalten. → Josef K. ist die Personifizierung des von einer fremden äußeren Macht überwältigten Individuums.

Die ersten Skizzen und Konzepte des Romans trägt Kafka wenige Tage nach der Entlobung mit Felice Bauer in sein Tagebuch ein (29. Juli 1914). Der Kommentar im Tagebuch zu der Entlobungsszene „Gerichtshof im Hotel" (23. Juli 1914) verweist darauf, dass der Roman als metaphorische Verschlüsselung eines inneren Selbstgerichts zu lesen ist. Kafka hat die ichfremden Autoritäten so weit in sein Inneres aufgenommen, dass er die Schuldzuweisungen und das Urteil widerspruchslos hinnimmt. Josef K.s Verbindung mit Franz Kafka wird im Roman durch verschiedene Signale angedeutet. Auf die Bedeutung des Namenskürzels ist bereits hingewiesen worden. Zu seiner Verteidigung will Josef K. eine Lebensbeschreibung als Eingabe an das Gericht verfassen, wobei er seine berufliche Verpflichtung als Hindernis empfindet. Hierin kann man einen Reflex von Kafkas autobiographischem Schreiben sehen. Auch der Untersuchungsrichter schreibt wie Kafka selbst bis tief in die Nacht (vgl. 50), und ihm ist das Begehren und Erringen der Frauen gestattet. Damit überlagern sich zwei Bedeutungsebenen: Der bis in die Nacht an der Klage schreibende Untersuchungsrichter steht für den sich selbst untersuchendenund anklagenden Kafka. Als erfolgreicher ‚Schürzenjäger' repräsentiert er jedoch die anderen, die Kafka das verwehren, was sie sich selbst gestatten.

Der Proceß als Selbstgericht

Damit wird deutlich, wie Kafka die im Hotel „Askanischer Hof" erfahrene Konfliktsituation durch die Aufspaltung in verschiedene Personen darzustellen und zu verallgemeinern sucht. Im *Proceß* wird daraus ein Drama von Foltern und Gefoltertwerden (vgl. den Prügler), fragloser Schuld, fragloser Ungerechtigkeit und Unmenschlichkeit, Auflehnung, hündischer Unterwerfung und unentschiedener Beobachtung. Erst vor dem Hintergrund der autobiographischen Bedeutungszusammenhänge erklärt sich die merkwürdige Verknüpfung des Gerichts mit Schmutz und Sexualität. In dem Roman geht es allgemein um den Konflikt des Einzelnen mit den anderen, den Konflikt zwischen den Normen der Gesellschaft und den Bedürfnissen des Individuums, der hier im Zusammenhang mit der Sexualität thematisiert wird. Ganz fraglos ist es nicht nur Kafkas persönliche Erfahrung, dass Sexualität mit vielen Tabus belegt wird, dass Sexualität und Schmutz miteinander verknüpft werden, dass die

Aufspaltung des inneren Konflikts in verschiedene Personen

Verknüpfung des Gerichts mit Schmutz und Sexualität

gesellschaftliche Doppelmoral leicht durchschaut werden kann, sondern eine Erfahrung von allgemeiner Bedeutung. Die Aufteilung der Frauen in Huren und Heilige ist ein Denkschema, das auch außerhalb des Romans *Der Proceß* häufig zu finden ist. Kafka konfrontiert die als bedrohlich erfahrenen, sexuell anziehenden Frauen mit den naiv mütterlichen.

Josef K. als Allegorie des von einer erdrückenden Macht überwältigten Individuums

Doch Josef K. ist nicht Kafka. Josef K. ist die gesichtslose Allegorie des Individuums, das die Umwelt mit ihren Normen und den daraus resultierenden Schuldzuweisungen als anonyme Übermacht erfährt. Das Aufbegehren gegen die nicht eingesehene Schuld scheitert. Die außerhalb agierende Macht kann irgendwann nicht mehr von den inneren Instanzen getrennt werden, sondern das fremde Urteil wird als eigenes akzeptiert, um ein Zerbrechen der Persönlichkeit zu verhindern. Die nicht vollzogene Selbsthinrichtung wird vom Ich als letztes Versagen gewertet. Vor dem biographischen Hintergrund verwundert es kaum noch, wenn Kafka seine Hauptfigur am Ende zum Tode verurteilt. Seine eigene Krankheit erscheint fast als Selbsthinrichtung.

Erzähltechniken

➟ Aufgrund der verwendeten Erzähltechniken ist Kafkas Roman für den Leser schwer zu erschließen. ➟ Eine sinngebende Erzählerinstanz tritt nicht in Erscheinung. ➟ Durch das hypothetische Erzählen, die Groteske und die Paradoxie wird der Leser verunsichert. ➟ Damit weist *Der Proceß* Stilmittel auf, die zum Repertoire moderner Schriftsteller in der Darstellung der Existenzbedingungen des Menschen zählen.	Erzählerische Hermetik

Erzählperspektive

Textvergleich: Thomas Manns *Der Zauberberg*

Zur Verdeutlichung der Kafka'schen Erzählweise sei der Anfang des Romans *Der Zauberberg* von Thomas Mann herangezogen:

> „Vorsatz
> Die Geschichte Hans Castorps, die wir erzählen wollen, – nicht um seinetwillen (denn der Leser wird einen einfachen, wenn auch ansprechenden jungen Mann in ihm kennenlernen), sondern um der Geschichte willen, die uns in hohem Grade erzählenswert scheint (wobei zu Hans Castorps Gunsten denn doch erinnert werden soll, daß es seine Geschichte ist, und daß nicht jedem jede Geschichte passiert): diese Geschichte ist sehr lange her, sie ist sozusagen schon ganz mit historischem Edelrost überzogen und unbedingt in der Zeitform der tiefsten Vergangenheit vorzutragen. Das wäre kein Nachteil für eine Geschichte, sondern eher ein Vorteil; denn Geschichten müssen vergangen sein, und je vergangener, könnte man sagen, desto besser für sie in ihrer Eigenschaft als Geschichten und für den Erzähler, den raunenden Beschwörer des Imperfekts." (Th. Mann, 1952, S. 5)

Auktorialer Erzähler

Ganz klar tritt in diesem Romanausschnitt ein Erzähler in den Vordergrund, der, ehe er noch damit beginnt, dem Leser die eigentliche Geschichte zu erzählen, diese Geschichte vorweg bereits kommentiert und den Erzählvorgang ebenfalls in diesen Kommentar einbezieht. Der Leser wird indirekt angesprochen, und ihm werden vorweg Erwartungen an den Text suggeriert. Mit Wertungen spart der Erzähler nicht: ‚erzählenswert', ‚einfa-

Kommentar

Wertungen

cher, wenn auch ansprechender junger Mann', ,Nachteil', ,Vorteil', ,raunender Beschwörer des Imperfekts'. Mit diesen Wertungen und der Angabe der zeitlichen Distanz zum Geschehen zeigt der Erzähler seinen Überblick über das zu Erzählende und seine (kritische) Distanz dazu an. Dabei ist der Text sicherlich nicht frei von Ironie. Zum Vergleich nun der Anfang von Kafkas *Proceß:*

Distanz zum Geschehen

> „Jemand mußte Josef K. verleumdet haben, denn ohne daß er etwas Böses getan hätte, wurde er eines Morgens verhaftet. Die Köchin der Frau Grubach, seine Zimmervermieterin, die ihm jeden Tag gegen acht Uhr früh das Frühstück brachte, kam diesmal nicht. Das war noch niemals geschehn. K. wartete noch ein Weilchen, sah von seinem Kopfkissen aus die alte Frau die ihm gegenüber wohnte und die ihn mit einer an ihr ganz ungewöhnlichen Neugierde beobachtete, dann aber, gleichzeitig befremdet und hungrig, läutete er. Sofort klopfte es und ein Mann, den er in dieser Wohnung noch niemals gesehen hatte trat ein. Er war schlank und doch fest gebaut, er trug ein anliegendes schwarzes Kleid, das ähnlich den Reiseanzügen mit verschiedenen Falten, Taschen, Schnallen, Knöpfen und einem Gürtel versehen war und infolgedessen, ohne daß man sich darüber klar wurde, wozu es dienen sollte, besonders praktisch erschien." (3)

Unvermittelter Beginn

Kein Erzähler erkennbar

Perspektivierung auf K.

Im Gegensatz zu dem Text von Thomas Mann setzt hier die Handlung unvermittelt ein. Ein Erzähler wird aus dem Gesagten nicht erkennbar; weder bringt eine solche Erzählfigur sich oder den Erzählvorgang zur Sprache, noch wird ein Erzähler indirekt aus seinen Äußerungen, wie etwa Kommentaren zum Geschehen, ersichtlich. Alles zur Handlung Gehörige wird aus der Perspektive Josef K.s berichtet. Die im ersten Satz geäußerte Mutmaßung über die Ursache für die Verhaftung ist nämlich niemand anderes Vermutung als die von K. Die Erzählung setzt erst mit dem Erwachen K.s ein und enthält nichts, was nicht aus der Sicht Josef K.s wahrnehmbar wäre. Die beschreibenden und kommentierenden Attribute und Adverbien stammen von ihm. Er nimmt die Beschaffenheit von des Wächters Anzug wahr und empfindet diesen deswegen als ,praktisch'. Objektiviert wird diese Wertung, indem für diese Äußerung K.s das verallgemeinernde ,man' verwendet wird. Eine überschauende Perspektive, etwa durch eine historische Distanz zum

Geschehen, wie der Erzähler bei Thomas Mann sie so besonders hervorgehoben hatte, existiert nicht. Der Leser ist unmittelbar mit den Personen und ihren Handlungen konfrontiert. Diese Präsentation des Geschehens aus der Perspektive Josef K.s wird im ganzen Roman konsequent durchgehalten. Nirgends tritt ein Erzähler als eine das ganze Geschehen von einer höheren Warte aus überlegen organisierende und kommentierende Instanz hervor. Josef K. bleibt stets die Perspektivfigur des Romans. Lediglich auf S. 11 findet sich eine kurze Rückblende auf K.s Lebensgewohnheiten in diesem Frühjahr, die aber durchaus auf die Perspektive K.s beschränkt bleibt und durch den Bericht des Vergangenen nur das Immer-Wiederkehrende verdeutlichen will.

Unmittelbarkeit

Damit führt Kafka die bereits vor ihm bekannte Technik des personalen Erzählens weiter und radikalisiert sie. Personales Erzählen bezeichnet eben die Erzählperspektive, bei der der Erzähler seinen Standpunkt innerhalb des Geschehens wählt, nur Dinge berichtet, die auch den an der Handlung beteiligten Personen erfahrbar wären und sich jeden Kommentars enthält. Der Leser wird unmittelbar mit der Handlung konfrontiert. Diesen Ansatz führt Kafka im *Proceß* zu seinem Extrem, indem der Leser nicht nur unmittelbar mit den Personen und Geschehnissen konfrontiert wird, sondern sogar ausschließlich auf die Perspektive einer Figur festgelegt bleibt, ohne dass dieser als Ich-Erzähler erkennbar würde. Solches Erzählen lässt sich als einsinniges Erzählen bezeichnen.

Personale Erzählsituation

Keine Kommentare

Einsinniges Erzählen

Doch obwohl der Gesichtskreis des Lesers auf die Perspektive der Hauptfigur beschränkt bleibt, unterlässt der Erzähler eine weitergehende Identifikation mit dieser. Über das Innenleben Josef K.s wird so gut wie nichts mitgeteilt, der Gemütszustand und die Stimmung Josef K.s bleiben – abgesehen von den Hinweisen auf die zunehmende Ermüdung – unerwähnt. Der Leser ‚sieht' und ‚hört' mit K., fühlt aber nicht mit ihm. Dadurch wird der Leser unmerklich dazu verleitet, die Hohlform Josef K. mit eigenen Empfindungen und Regungen aufzufüllen.

Keine innere Identifikation des Lesers mit K.

Durch das Vermeiden jeder Kommentierung geht dem Leser eine Instanz ab, an der er sich bei seinen Auseinandersetzungen mit den Personen und den Handlungen

Fehlen einer Orientierung

hätte orientieren können. Doch da seine Wahrnehmung vollkommen auf den Gesichtskreis der Hauptfigur beschränkt bleibt, ist es eine zentrale Aufgabe, sich mit dem Bewusstsein dieser Figur auseinanderzusetzen. Weil auf diese Weise nur das durch die Gedanken und Empfindungen der Perspektivfigur Gefilterte darstellbar ist, muss der Leser in Bezug auf das ihm Mitgeteilte äußerste Skepsis üben. Nicht Fakten werden vermittelt, sondern subjektive Eindrücke. Wie die Zu- und Umstände außerhalb dieses vermittelnden Bewusstseins wirklich sind, lässt sich nicht feststellen, dafür werden keinerlei Anhaltspunkte geboten. Die Frage darf daher nicht lauten, wie die Welt wirklich beschaffen ist, sondern wie dieses Bewusstsein auf sie reagiert und wie dieses Bewusstsein wohl beschaffen ist. Ob diese Welt, und damit der Prozess, überhaupt außerhalb dieses Bewusstseins existiert oder ob sie sich nur aus den Projektionen des Bewusstseins zusammensetzt, bleibt offen. Dass K. intuitiv den richtigen Termin für die Verhandlung kennt und ebenso intuitiv den richtigen Weg mit merkwürdigen Methoden zu finden vermag, provoziert die Frage, ob diese Welt unabhängig von K.s Bewusstsein existiert.

Frage nach dem vermittelnden Bewusstsein

Gelegentlich finden sich behutsame Ansätze einer erzählerischen Ironie, d. h. es werden subtil Hinweise auf Widersprüche in K.s Innerem gegeben. „Da erschreckte ihn ein Zuruf aus dem Nebenzimmer derartig, daß er mit den Zähnen ans Glas schlug." (9) Warum trinkt K. „ein zweites Gläschen" Schnaps, um sich „Mut zu machen" (ebd.), da er sich den Wächtern doch so überlegen glaubt? Und warum erschreckt ihn deren Zuruf dermaßen? Hier weichen offenbar K.s vorgebliches und sein tatsächliches Bewusstsein voneinander ab.

Erzählerische Ironie

Erlebte Rede

Erlebte Rede

Eine Technik, um dem Leser die inneren Vorgänge der betreffenden Person zu vermitteln, ist die erlebte Rede. Schon im ersten Satz werden dem Leser innere Vorgänge Josef K.s mitgeteilt: „Jemand mußte Josef K. verleumdet haben, denn ohne daß er etwas Böses getan hätte, wurde er eines Morgens verhaftet." (3) Dieser Satz wird zwischen direkter und indirekter Rede in der Schwebe gehalten. Die erlebte Rede bringt innere Vorgänge von

Zwischenstellung zwischen Erzählerbericht und indirekter Rede

Personen zur Darstellung durch die Verwendung der 3. Person, des Indikativs, des Präteritums und der Hauptsatzwortstellung. Von der äußeren Form her unterscheidet sie sich nicht von dem Erzählerbericht, doch inhaltlich werden Gedanken, Empfindungen, Gefühle der Personen geschildert, ohne in die indirekte Rede (Konjunktiv, Präsens, eventuell Nebensatzwortstellung) auszuweichen. Der Leser wird so unmittelbar mit den inneren Vorgängen der Figuren konfrontiert.

Konfrontation des Lesers mit der Innenwelt der Romanfiguren

Sehr deutlich ist dies am Ende des Romans ausgeprägt:

> „Wie ein Licht aufzuckt, so fuhren die Fensterflügel eines Fensters dort auseinander, ein Mensch schwach und dünn in der Ferne und Höhe beugte sich mit einem Ruck weit vor und streckte die Arme noch weiter aus. Wer war es? Ein Freund? Ein guter Mensch? Einer der teilnahm? Einer der helfen wollte? War es ein einzelner? Waren es alle? War noch Hilfe? Gab es Einwände, die man vergessen hatte? Gewiß gab es solche. Die Logik ist zwar unerschütterlich, aber einem Menschen der leben will, widersteht sie nicht. Wo war der Richter, den er nie gesehen hatte? Wo war das hohe Gericht bis zu dem er nie gekommen war? Er hob die Hände und spreizte alle Finger."
> (186)

Vollkommen nahtlos fügen sich die Fragen, die die letzten Gedanken und Widersprüche K.s wiedergeben, in den Erzählerbericht ein. Der erste und letzte Satz umrahmen als Erzählerbericht diese erlebte Rede K.s. An dieser Stelle hat Kafka im Manuskript zwei Sätze gestrichen, die diesen Bezug noch mehr verdeutlichen, indem sie die erlebte Rede in direkte Rede umschlagen lassen. Nach „Wo war das Hohe Gericht?" hatte es geheißen: „Ich habe zu reden. Ich hebe die Hände." Außer wegen inhaltlicher Bedenken gegen diese Stelle – sie hätte eine innere Wandlung K.s suggerieren können – hat Kafka diese Stelle wohl getilgt, weil sie einen Bruch in dem sonst konsequent durchgehaltenen Darstellungsstil hervorgerufen hätte. Die erlebte Rede hält eine Zwischenstellung zwischen objektivem Erzählen und persönlicher Perspektive. Es ist nicht von Anfang an deutlich, wer spricht. Auf den Sprecher der betreffenden Passage muss aus diesem Zusammenhang geschlossen werden.

Hypothetischer Erzählstil

Die Aufgabe, das Bewusstsein der Perspektivfigur zu durchschauen, die der Erzähler dem Leser stellt, indem er ihn mit der erlebten Rede unmittelbar mit dessen inneren Vorgängen konfrontiert, ist daher nicht leicht lösbar. Schon der erste Satz des Romans gibt dem Leser erhebliche Rätsel auf. Die Formulierung „Jemand mußte" (9) lässt sich mit grammatischen Kategorien kaum erfassen. Obwohl das „mußte" eine Notwendigkeit, eine Sicherheit auszudrücken vorgibt, wird dem Leser intuitiv deutlich, dass es sich um eine Vermutung handelt. Hätte die Aussage eine sichere Grundlage, würde die Formulierung lauten: Jemand *hatte* K. …

Unsichere Vermutung

Behauptung ohne Grundlage

Diese Aussage bleibt auch in der Folge weiterhin unsicher und unbewiesen, bildet aber die Basis für K.s gesamtes Handeln. Denn da er niemandem „etwas Böses getan" hat, ist seine Verhaftung nur durch eine böswillige Verleumdung zu erklären. Die Annahme der Schuldlosigkeit ist die ungenannte Voraussetzung für die Formulierung des ersten Satzes und für K.s Verhalten.

Mutmaßung als Grundlage des Handelns

Der erste Satz gewinnt damit den Stellenwert einer Hypothese. Im Bereich der Wissenschaft sind Hypothesen von Widersprüchen freie, aber zunächst unbewiesene Aussagen und Annahmen als Hilfsmittel für wissenschaftliche Erkenntnisse. Hypothesen bezeichnen im allgemeinen Sprachgebrauch unbewiesene Annahmen bzw. Unterstellungen. An verschiedenen Stellen von Kafkas Roman lässt sich somit von einem hypothetischen Erzählstil sprechen. Unbewiesene Annahmen werden geäußert und zur Grundlage des Verhaltens von Personen gemacht. Schon der Kern der Auseinandersetzung von K. und dem Gericht mit der gegenseitigen Behauptung von Schuld und Unschuld ist hypothetisch, da unbewiesen.

Hypothetischer Erzählstil

Durch den hypothetischen Erzählstil ergibt sich jedoch wie im Falle der Schuldbehauptung die Möglichkeit, nicht Existierendes oder Unsichtbares zu evozieren. Der gesamte Roman *Der Proceß* basiert über weite Strecken darauf, das Unsichtbare zu beschwören. Dies wird erzählerisch möglich, indem vorwiegend Sekundäres dargestellt und berichtet wird. Präzise Details weisen auf das Eigentliche hin, das aber selbst nicht zur Darstellung

Darstellung des Unsichtbaren und Sekundären

kommt. Das Sekundäre gewinnt eine eigene Unmittelbarkeit.

Gericht im Unsichtbaren

Das Gericht wird dem Leser als allgegenwärtig und allmächtig suggeriert, doch bleibt es selbst im Wesentlichen im Dunkeln, nur seine durch nichts legitimierten Vertreter niedrigsten Grades, die sich durch ihr Unwissen insbesondere hinsichtlich des Gerichts auszeichnen, treten in Erscheinung. Als höchsten Beamten der Gerichtshierarchie lernt Josef K. den Direktor der Gerichtskanzleien kennen, also im eigentlichen Sinne einen Beamten, der mehr mit der Verwaltung und Organisation befasst ist als mit der Rechtsprechung. Bezeichnenderweise hat dieser sich bei der Begegnung mit K. zunächst im Dunkeln verborgen, bevor er aus seinem Versteck herauskommt. Als Gegenstände weisen der handgeschriebene Zettel am Treppenaufgang und die eigenartigen Gesetzesbücher auf das Gericht hin.

Josef K. als Maske

Josef K. als Hauptperson des Romans gewinnt trotz des Romanumfangs von fast zweihundert Seiten kein Persönlichkeitsprofil, er wird im Grunde nur als auf die Aktionen des Gerichts reagierendes Wesen erkennbar. Von seinem Leben außerhalb der Bank und außerhalb seiner Beschäftigung mit dem Gericht erfährt der Leser fast nichts. Einen eigenen Handlungswillen scheint er fast nicht zu besitzen, darum bleibt er eine gesichtslose Maske, eine Hohlform.

Beeinflussung des Gerichts durch K.

Andererseits scheint K. das Gericht mit seinen Hypothesen bestimmen zu können. Denn ohne dass ihm eine genaue Uhrzeit für die erste Verhandlung mitgeteilt worden wäre, erweist sich seine Annahme als vollkommen richtig. Als er sich gegenüber dem Termin, den er als wahrscheinlich angenommen hatte, verspätet hat, handelt er sich die Rüge des Untersuchungsrichters ein. Auch der eher willkürlich gewählte Treppenaufgang als Weg zum Untersuchungszimmer erweist sich später als der richtige. Und am Ende des Romans erwartet K. im schwarzen Anzug seine beiden Henker, ohne dass er zuvor über deren Kommen in Kenntnis gesetzt worden wäre. Damit hält der Text die Waage zwischen Hypothese und Bestätigung.

Konjunktiv und Indikativ

Wechsel zwischen Indikativ und Konjunktiv

Auch in einer weiteren Hinsicht hält der Erzähler des Romans eine Zwischenstellung zwischen Sicherheit und Unsicherheit. Häufig wechselt die Sprache zwischen Indikativ und Konjunktiv hin und her. Bei der Wiedergabe dessen, was der Advokat K. über das Gericht erzählt (als Erinnerung aus der Perspektive K.s), wird dieser Wechsel über mehrere Seiten hinweg durchgehalten.

> „Leider, darauf müsse er K. allerdings aufmerksam machen, geschehe es manchmal, daß die ersten Eingaben bei Gericht gar nicht gelesen werden. Man lege sie einfach zu den Akten und weise darauf hin, daß vorläufig die Einvernahme und Beobachtung des Angeklagten wichtiger sei als alles Geschriebene. Man fügt wenn der Petent dringlich wird, hinzu, daß man vor der Entscheidung bis alles Material gesammelt ist, im Zusammenhang natürlich alle Akten, also auch diese erste Eingabe, überprüfen wird. Leider sei aber auch dies meistens nicht richtig, […]." (90)

Die Unsicherheit, die der Advokat bei K. durch seinen Bericht erzeugen möchte, findet in diesem Wechsel zwischen Indikativ und Konjunktiv seinen Ausdruck. Die verschachtelten Sätze sollen wohl eher K.s Blick verwirren als zu seiner Aufklärung beitragen. Der Wechsel zwischen den beiden Modi vollzieht sich zuweilen sogar mitten im Satz:

> „K. möge doch nicht außer acht lassen, daß das Verfahren nicht öffentlich sei, es kann, wenn das Gericht es für nötig hält, öffentlich werden, das Gesetz aber schreibt Öffentlichkeit nicht vor." (Ebd.)

Verunsicherung der Wirklichkeit

Bemerkenswerterweise wird in diesem Satz der tatsächliche Zustand im Konjunktiv und die Möglichkeit im Indikativ wiedergegeben. Die Wirklichkeit erfährt eine profunde Verunsicherung, und die Unsicherheit der Perspektivfigur Josef K. überträgt sich auf den Leser.

Detaillierte Einzelszenen

Durch das Zurücktreten des Erzählers verliert der Roman eine Instanz, die die Masse des Geschehens und seiner Umstände souverän überschaut und anordnet. Als Folge hieraus setzt sich der Roman aus einer Reihe scharf beobachteter Einzelszenen zusammen. Kafka verzichtet darauf, diese Episoden mit Rückblenden zu verknüpfen oder durch Montageverfahren zu überblenden. Der Erzähler konfrontiert den Leser so in einer fast realistischen Manier mit den zum Teil allerdings schon fast skurrilen Szenerien.

Folge scharf beobachteter Einzelszenen

Josef K. nimmt auf seinem Weg zur ersten Verhandlung die beengten und schmutzigen Verhältnisse des Vorstadtmilieus wahr, die dem Leser mit getreuem Detailreichtum vor Augen gestellt werden. Die so entworfenen Bilder und Szenerien setzen sich aus Einzelheiten zusammen, die alle konzentriert und zielgerichtet eine bestimmte Atmosphäre hervorbringen, deren inhaltlich-logischer Bezug zu K.s Anliegen jedoch nicht deutlich wird. „Zwischen zwei Männern hindurch, die sich unmittelbar bei der Tür unterhielten – der eine machte mit beiden weit vorgestreckten Händen die Bewegung des Geldaufzählens, der andere sah ihm scharf in die Augen – faßte eine Hand nach K." (34) Das Bild, das von dem Verhandlungszimmer und dem darin versammelten Personal entworfen wird, ist in sich vollkommen stimmig und entspricht dem eigenartigen Wesen des Gerichts. Auch bei der Beschreibung der Kanzleien tragen viele Einzelheiten zu der bedrückenden, beklemmenden Atmosphäre bei, so dass die dumpfe Luft, die K. am freien Atmen hindert, den Eindruck des Gerichts auf ihn in sich zusammenzufassen scheint.

Einzelheiten erzeugen eine Atmosphäre

Bildlicher Stil

Kafkas Stil ist also im Wesentlichen ein bildlicher. „Bilder, nur Bilder" soll Franz Kafka selbst seinen eigenwilligen Prosastil im Gespräch charakterisiert haben. Wenn auch hier und da Zweifel an der Authentizität der von Gustav Janouch überlieferten Äußerungen Kafkas geübt wird, wirft das Zitat doch ein bezeichnendes Licht auf die Eigenart Kafka'scher Prosa. Sie ist von einer hervorstechenden Bildkraft geprägt.

„Bilder, nur Bilder"

Der atmosphärisch und sprachlich dichten Bildlichkeit im Detail entspricht die umfassende und grundlegende Metaphorik des gesamten Romans, der seinen Ursprung in der von Kafka als „Gerichtshof" empfundenen Entlobungsszene hat: Josef K. fühlt sich grund- und schuldlos einem Gericht ausgesetzt, dessen Wesen und Herkunft er nicht durchschaut. Ohne dass das Urteil verkündet worden wäre, nimmt er es an. Das Gericht hat vermocht, ihn zum Selbstgericht zu veranlassen, fast hätte er seine Exekution selbst vollzogen. Die Grundidee der Romanhandlung besteht also darin, dass Kafka die in der Alltagssprache übliche Metapher vom Gericht und „mit sich selbst ins Gericht gehen“ wörtlich nimmt.

Die wörtlich genommene Metapher

Auch die Bestrafungsszene der beiden Wächter im Prügler-Kapitel nimmt den Begriff „Bestrafung“ wörtlich. Die Bestrafung durch Prügel war in der Kindererziehung keine ungewöhnliche Maßnahme, doch die Übertragung der Prozedur auf eine gerichtliche Bestrafung der erwachsenen Wächter erzeugt eine groteske Wirkung. Und dass das Gericht K. immer näher rückt, ihm buchstäblich auf den Leib rückt, drückt sich bildlich darin aus, dass die Wächter mit dem Bauch an ihn stoßen.

In der Erzählung *Die Verwandlung* wird dieses Verfahren des Wörtlich-Nehmens von Metaphern noch deutlicher. Als unnütz eingeschätzte Mitmenschen mit Tieren, insbesondere Ungeziefer zu vergleichen, ist eine verbreitete Gepflogenheit. Dies nimmt Kafka wiederum bei seiner Idee für diesen Text wörtlich: Gregor Samsa, der sich des Gefühls des Versagens und der Nutzlosigkeit nicht erwehren kann, entdeckt eines Morgens, dass er sich in ein ‚ungeheures Ungeziefer‘ verwandelt hat.

Sprache

Karge, farblose, unpathetische Sprache

Zu jedem Zeitpunkt bleibt die Sprache des Erzählers in Kafkas Roman leidenschaftslos ruhig und sachlich auf das beschriebene Detail gerichtet. Selbst das erschreckende Geschehen des Prügler-Kapitels bleibt in seiner sprachlichen Wiedergabe karg und farblos.

> „[…] er konnte sich nicht zurückhalten und während er gespannt in die Richtung sah, aus der die Diener kommen mußten, stieß er an Franz, nicht stark aber doch stark genug, daß der Besinnungslose niederfiel und im Krampf mit den Händen den Boden absuchte; den Schlägen entgieng er aber nicht, die Rute fand ihn auch auf der Erde; während er sich unter ihr wälzte, schwang sich ihre Spitze regelmäßig auf und ab. Und schon erschien in der Ferne ein Diener und ein paar Schritte hinter ihm ein zweiter.“ (68)

Sachlich teilnahmslos wird die Folterung des Wächters mit präzise wiedergegebenen Details („regelmäßig") berichtet.

> „Da erhob sich der Schrei, den Franz ausstieß, ungeteilt und unveränderlich, er schien nicht von einem Menschen, sondern von einem gemarterten Instrument zu stammen, der ganze Korridor tönte von ihm, das ganze Haus mußte es hören." (Ebd.)

Als Charakterisierung des Schreis lassen sich gefühlsbetontere Adjektive vorstellen. Doch der Erzähler bewahrt seinen sachlichen Ton und lässt die Dinge für sich sprechen. Die Formulierung „ungeteilt und unveränderlich" erzeugt ein stilles und zurückhaltendes Pathos. Mit seiner kargen Farblosigkeit, die kaum Metaphern oder Vergleiche zu Hilfe nimmt, erinnert der Erzählstil an einen Schwarzweißfilm.

Die Zeitstruktur

Absoluter Anfang, absolutes Ende

Mit dem Beginn der Romanhandlung wird ein absoluter Anfang gesetzt. Eine nennenswerte Vorgeschichte, z.B. in Form einer Rückblende, wird im weiteren Verlauf nicht nachgeholt. Das Ende des Romans ist ebenso absolut wie der Anfang. Damit bildet die erzählte Zeit des Romans eine in sich abgeschlossene Einheit, die durch die Zeitangaben mit dem ‚dreißigsten Geburtstag' (vgl. 5) für den Tag der Verhaftung und dem ‚Vorabend seines einunddreißigsten Geburtstages' (vgl. 182) für K.s Hinrichtung auf genau ein Jahr begrenzt wird. Dieser Zeitrahmen ist für einen Roman ungewöhnlich; normalerweise umfasst der Zeitraum einer Romanhandlung einen wesentlich größeren Zeitraum, z.B. die gesamte Lebenszeit des Helden oder gar die Zeit mehrerer Generationen. Selbst weniger umfangreiche Erzählformen wie Novelle oder Erzählung stellen häufig einen viel längeren Zeitabschnitt in ihrer Handlung dar. Doch die Begrenzung der Zeit auf ein Jahr bildet eine genaue Entsprechung zu der im Roman bereits mehrfach festgestellten Kreisstruktur. Das Jahr als Symbol für die zeitliche Kreisbewegung mit der immerwährenden Wiederholung ist ein geläufiger Topos.

Begrenzung auf ein Jahr

Zeitliche Kreisstruktur

Über den auch hier verborgenen autobiographischen

Bezug hinaus – Kafka war zur Zeit der Abfassung des Romans im gleichen Alter wie seine Hauptfigur – ist darin jedoch eine symbolische Bedeutung zu sehen. In der Romanhandlung hat es keine Entwicklung gegeben, weder bezüglich der Erkenntnisse Josef K.s über das Gericht noch hinsichtlich seiner Person. Der Roman kreist in sich. Und dieses Kreisen steht für die beliebige Wiederholbarkeit all dessen, was dem Leser im Roman begegnet ist. Auch darum bleibt die Figur des Josef K. eine beliebig aufzufüllende Hohlform.

Fehlen einer erkennbaren Entwicklung

Das Paradox

Mit dem paradoxen Zirkel und dem gleitenden Paradox sind bereits wesentliche Kennzeichen des Kafka'schen Prosastils erwähnt worden. Eine so geartete Dichtung stellt erhebliche Anforderungen an den Leser. Aufgrund ständiger Verunsicherung sieht er sich vor die Aufgabe gestellt, das Werk durch seine Reflexion und seine Bemühungen um ein angemessenes Verständnis implizit ‚weiterzudichten'.

Paradoxe Struktur der Handlung

Von Anfang an ist das Paradox bestimmend für die Romanhandlung. Das Gericht werde „von der Schuld angezogen" (7), heißt es, doch wird die zur Debatte stehende Schuld nie nachgewiesen. K. antwortet hierauf ebenfalls mit einer Paradoxie. Er behauptet, unschuldig zu sein, ohne das Gesetz zu kennen. Und auf der Grundlage dieser Widersprüche entfaltet sich die gesamte Romanhandlung. Auch das Verhalten der Personen steht in einem Widerspruch zu den Geschehnissen, die auf den Leser fremd und alogisch wirken. Doch die Romanfiguren reagieren stets vollkommen logisch und selbstverständlich auf das Unerklärliche.

Die Groteske

Groteske Übersteigerung

Das Verfahren, geläufige Bilder und Metaphern wörtlich zu nehmen, zeitigt häufig eine groteske Wirkung. Die Bilder wirken überzogen, übersteigert und verzerrt. Der Leser weiß nicht so recht, ob er sie als komisch, absurd oder tragisch empfinden soll.

Die dem gesamten Roman zugrunde liegende Idee des wörtlich genommenen ‚Selbstgerichts' findet in ihrer überzeichneten Wirkung eine Entsprechung in den einzelnen Bildern der verschiedenen Episoden des Romans. Das Verhalten der beiden Wächter bei der Verhaftung K.s wirkt grotesk übertrieben, ebenso die Szenerie der Gerichtsverhandlung und das Verhalten der beiden Henker. Mit ihrer übertriebenen Höflichkeit und überkorrekten Kleidung erzeugen sie eine komische Wirkung, die dem Text einerseits etwas von einem möglichen Pathos nimmt, andererseits aber der Unfassbarkeit der dargestellten Situation vollkommen gerecht wird. Das Außergewöhnliche tritt in korrekter Kleidung auf.

Verhalten der Wächter und der Henker

Nach Kafka haben viele Schriftsteller erkannt, dass sie der modernen Wirklichkeit nur noch mit Absurditäten (z. B. Ionesco, Beckett) oder der Tragikomödie (z. B. Dürrenmatt) begegnen können. Die Übertreibung der Wirklichkeit scheint notwendig zu sein, um ihr nahezukommen und gerecht werden zu können.

Absurdität und Tragikomödie

Der Proceß als Roman der Moderne

Die Erfahrung der Moderne

Entfremdung und Anonymität	
	➞ Seit dem späten 18. Jahrhundert nimmt beim Einzelnen die Erfahrung der Dissoziation und Entfremdung zu. ➞ Dem Individuum tritt in der Massengesellschaft ein anonymer Machtapparat entgegen. ➞ Die Orientierung an verbindlichen Werten fällt in der pluralistischen Gesellschaft immer schwerer.

Goethe war wohl einer der letzten Dichter, die in dem Bewusstsein schrieben, einen fast enzyklopädischen Überblick über die Welt der Wissenschaft, der Philosophie, der Mythologie und der Literatur zu besitzen und schreibend ausgestalten zu können. Doch verschiedene Entwicklungen im Bereich der Philosophie (Aufklärung), Wissenschaft (Fortschritte in Naturwissenschaft und Technik) und Politik und Gesellschaft (Französische Revolution) gerade im 18. Jahrhundert haben die Welt grundlegend verändert, die hier beginnende Epoche bezeichnet man allgemein als „Moderne".

Die Moderne

Zu den zentralen Erfahrungen des Menschen im Zeitalter der Moderne zählen die der Dissoziation (= Zerfall in einzelne, unzusammenhängende Bestandteile) und die der Entfremdung. Die moderne Gesellschaft zerfällt in so viele verschiedene, z. T. voneinander unabhängige Bereiche, die auch in sich so umfassend und differenziert sind, dass selbst den Fachleuten der einzelnen Fach- und Wissensgebiete eine Übersicht über ihren Fachbereich nicht mehr möglich ist. Die Erfahrung der Fremdheit von dieser Welt raubte den Dichtern bald den Glauben daran, dass sie dieser Welt noch sprachlich beikommen könnten. Der österreichische Dichter Hugo von Hofmannsthal (1874–1929) formulierte dies 1902 in dem berühmten „Brief des Lord Chandos" folgendermaßen:

Dissoziation und Entfremdung als zentrale Erfahrungen

> „[…] Mein Fall ist, in Kürze, dieser: Es ist mir völlig die Fähigkeit abhanden gekommen, über irgendetwas zusammenhängend zu denken oder zu sprechen. Zuerst wurde es mir allmählich unmöglich, ein höheres oder allgemeineres Thema zu besprechen und dabei jene Worte in den Mund zu nehmen, deren sich doch alle Menschen ohne Bedenken geläufig zu bedienen pflegen. Ich empfand ein unerklärliches Unbehagen, die Worte ‚Geist', ‚Seele' oder ‚Körper' nur auszusprechen. Ich fand es innerlich unmöglich, […] ein Urteil herauszubringen. Und dies nicht etwa aus Rücksichten irgendwelcher Art, […] sondern die abstrakten Worte, deren sich doch die Zunge naturgemäß bedienen muß, um irgendwelches Urteil an den Tag zu geben, zerfielen mir im Munde wie modrige Pilze. […]
> Mein Geist zwang mich, alle Dinge […] in einer unheimlichen Nähe zu sehen: So wie ich einmal in einem Vergrößerungsglas ein Stück von der Haut meines kleinen Fingers gesehen hatte, das einem Blachfeld mit Furchen und Höhlen glich, so ging es mir nun mit den Menschen und ihren Handlungen. Es gelang mir nicht mehr, sie mit dem vereinfachenden Blick der Gewohnheit zu erfassen. Es zerfiel mir alles in Teile, die Teile wieder in Teile, und nichts mehr ließ sich mit einem Begriff umspannen.
> Die einzelnen Worte schwammen um mich […]."
> (Hofmannsthal, 1959, S. 7f.)

Wissenschaft und Technik

Wissenschaft und Technik haben die Natur und die gesamte Welt entzaubert, versachlicht und teilweise kalkulierbar und beherrschbar gemacht. Die Physik fasst die Welt in mathematischen Formeln – ein Gedanke, der für Goethe eine Schreckensvision darstellte –, die Tiefenpsychologie untersucht das Phänomen Seele mit wissenschaftlichem Anspruch und spricht vom „psychischen Apparat". Die oben angesprochene Differenzierung wird von den Wissenschaften immer weiter vorangetrieben. Hingegen lässt sich in Politik und Gesellschaft nicht nur eine Entwicklung zu immer differenzierteren Verhältnissen, sondern auch zur Vereinheitlichung feststellen. Der moderne Massenstaat mit seinen vielfältigen Unterscheidungen und seinen pluralistischen Normen tritt mit ganz anderen Anforderungen an den Einzelnen heran.

Politik und Gesellschaft

Massenstaat

Bürokratisierung und Anonymität

Zur Überschaubarkeit und Verwaltbarkeit der Massengesellschaft werden aufgeblähte Verwaltungsapparate notwendig, die dem Einzelnen gegenüber nur als anonyme Instanzen erkennbar werden. Der Soziologe Max Weber (1864–1920) hat die Auswirkungen einer solchen ‚bürokratischen Maschinerie' in seinem Werk *Wirtschaft und Gesellschaft* so beschrieben:

> „Wo die Bürokratisierung der Verwaltung einmal restlos durchgeführt ist, da ist eine praktisch so gut wie unzerbrechliche Form der Herrschaftsbeziehungen geschaffen. Der einzelne Beamte kann sich dem Apparat, in dem er eingespannt ist, nicht entwinden. Der Berufsbeamte ist […] mit seiner ganzen materiellen und ideellen Existenz an seine Tätigkeit gekettet. Er ist nur ein einzelnes, mit spezialisierten Aufgaben betrautes, Glied in einem […] rastlos weiterlaufenden Mechanismus." (Zit. nach: Anz, 1989, S. 121)

Fehlen von Verantwortungsträgern

Der Schweizer Schriftsteller Friedrich Dürrenmatt führt diese Gedanken noch weiter. Die Anonymisierung der Verantwortung betreffe nicht nur den Verwaltungsapparat, sondern den modernen Staat und die moderne Gesellschaft schlechthin:

> „Der Staat hat seine Gestalt verloren, und wie die Physik die Welt nur noch in mathematischen Formeln wiederzugeben vermag, so ist er nur noch statistisch darzustellen. Sichtbar, Gestalt wird die heutige Macht nur etwa da, wo sie explodiert, in der Atombombe, in diesem wundervollen Pilz, der da aufsteigt und sich ausbreitet, makellos wie die Sonne, bei dem Massenmord und Schönheit eins werden. Die Atombombe kann man nicht mehr darstellen, seit man sie herstellen kann. Vor ihr versagt jede Kunst als eine Schöpfung des Menschen, weil sie selbst eine Schöpfung des Menschen ist. […]
> […] In der Wurstelei unseres Jahrhunderts, in diesem Kehraus der weißen Rasse, gibt es keine Schuldigen und auch keine Verantwortlichen mehr. Alle können nichts dafür und haben es nicht gewollt. […] Schuld gibt es nur noch als persönliche Leistung, als religiöse Tat."
> (F. Dürrenmatt, „Theaterprobleme", in: F. D., *Theater: Essays, Gedichte und Reden*, Zürich: Diogenes, 1998, S. 31–72.
>

Während früher der despotische Herrscher und die herrschende Gesellschaftsschicht als Personen identifizierbar waren und wegen ihrer Willkür notfalls in revolutionären Akten zur Verantwortung zu ziehen waren, liegt die Macht heute in Händen amorpher Institutionen. Regierungs- und Verwaltungsapparate, Parteien, Aktionärsversammlungen bestimmen die Geschicke. Die wirklich Machthabenden verstecken sich in einem ominösen Dunkel.

Franz Kafka war das Wesen des bürokratischen Apparates vertraut, er selbst war als Jurist bei der Arbeiter-Unfall-Versicherung in Prag Teil eines solchen. Zu seinen beruflichen Aufgaben gehörte es, das Unfallrisiko der einzelnen Betriebe in der für das österreichisch-ungarische Kaiserreich wichtigen Industrieregion um Prag einzuschätzen. Seine amtlichen Schriften bezeugen, dass er diese Aufgabe mit großem Verantwortungsgefühl erfüllt hat, und Tagebucheintragungen verraten sein hohes sozialpolitisches Bewusstsein.

Moderne Arbeitswelt

Zu den Bedingungen der modernen Arbeitswelt im Zuge der zunehmenden Industrialisierung, Technisierung und Monopolisierung gehören die ständige gesundheitliche Gefährdung des einzelnen Arbeiters an seinem Arbeitsplatz, seine Entfremdung vom Arbeitsprozess durch monotone Fließbandtätigkeit und der fehlende innere Bezug zu den Produkten der Arbeit. Die Erfahrung einer Ganzheit ist kaum noch möglich. Bezeichnend für diese Zeit und ihre Probleme ist sowohl das verstärkte Interesse der Tiefenpsychologie an den inneren Vorgängen im Menschen als auch das verstärkte Interesse der Menschen an der Tiefenpsychologie. Denn das immer komplexer und komplizierter werdende Beziehungs- und Bindungsgeflecht der Menschen und die pluralistischen Normen der Massengesellschaft stellen völlig neue Anforderungen an den Einzelnen und treten häufig sowohl miteinander als auch mit den inneren Wertmaßstäben in Konflikt. Frühere moralische Orientierungsmaßstäbe verlieren zunehmend an Bedeutung.

Entfremdung

Tiefenpsychologie

Flucht in eine bürgerliche Scheinwelt

Schon im 19. Jahrhundert flüchteten sich viele angesichts dieser Divergenz der Erfahrungen in eine Scheinwelt. Die private Sphäre wurde behaglich ausgestattet mit funktionsloser Ornamentik oder anachronistischen Attributen. Moralisch führte man ein Doppelleben. Äußerungen wie die von Kafkas Vater seinem Sohn gegenüber anlässlich der dritten Verlobung können als charakteristisch für die Zeit angesehen werden. Proklamierte moralische Wertmaßstäbe und tatsächliches Verhalten traten in Widerspruch zueinander. Im politischen

Bewusstsein machte sich ein übersteigerter Patriotismus breit, der sich in Kriegen entlud, die mit ihrer Massenvernichtung die tragischste Variante des modernen Massenstaates darstellen.

Revolte der Expressionisten

Gegen die bürgerliche Scheinmoral begehrte die junge Generation um 1910 auf. Neben dem allgemeinen gesellschaftskritischen Aspekt beinhaltet die Revolte auch das Aufbegehren gegen die als Unterdrückung empfundene patriarchalische Macht. Diese Opposition artikulierte sich gleichzeitig im gesellschaftlichen und im geistigen Bereich. Die junge Generation der expressionistischen Künstler machte sich am Anfang des 20. Jahrhunderts gleichzeitig in Kunst, Musik und Literatur an die Destruktion klassizistischer Kunstnormen.

Umwälzungen in der Kultur

Die Erfahrung der Moderne als Thema des Romans *Der Proceß*

Das Gericht als Parabel	➟ In der Gerichtswelt spiegeln sich viele Erfahrungen der Moderne wider: Anonymität, Undurchdringlichkeit, Hierarchie, Beamtenapparat, Ausgeliefert-Sein.

Konfrontation mit einem Machtapparat

Josef K. als Repräsentant des Einzelnen ist in diesem Roman mit einer anonymen, allgegenwärtigen und übermächtigen Macht konfrontiert. All seine Bemühungen, den Machtapparat Gericht zu durchschauen, misslingen. Das Auftreten und Ansinnen dieser Macht bleibt bis zum Ende undurchschaubar. Doch sind die als absurd und unmotiviert erfahrenen Verhältnisse dargestellt, als wären sie vollkommen normal und vernünftig.

Undurchdringliche Hierarchie

Bei seinen Versuchen, das Gericht zu durchschauen, scheitert K. immer wieder an der undurchdringlichen Hierarchie. Die letztlich Verantwortlichen, die Richter, treten nicht in Erscheinung. Die unteren Grade dieses Machtapparates sind nichts weiter als fleißige und blind willige Funktionsträger, ob dies die unermüdlich arbeitenden Beamten, die die Kanzleien gar nicht mehr verlassen und somit keine Personen mehr sind, oder die Henker und Prügler, die blöde und skrupellos ihre Aufgabe erfüllen, sind. Der Apparat funktioniert von allein, niemand scheint die Verantwortung zu tragen.

Sinnbilder des Beamten

So erscheinen auch Josef K. und der Türhüter als Sinnbilder des Beamten. Der Türhüter versieht einen Dienst, dessen Sinn nicht greifbar wird, der aber wegen der Zugehörigkeit zum Gesetz als etwas ‚Höheres' verstanden werden soll. Auch Josef K. scheint nur für seinen Dienst in der Bank zu leben. Selbst die privaten Aktivitäten orientieren sich an seinem beruflichen Fortkommen. Den Bittstellern, die er vor seiner Bürotür warten lässt, muss er ebenso wie die fleißigen, aber unerbittlichen Beamten in den Kanzleien erscheinen.

Keine Individualität

Diese Verhältnisse führen unweigerlich zur Entpersönlichung des Individuums. Keine Figur des Romans trägt charakteristische, individuelle Züge. Eine anonyme und allmächtige Instanz wie das Gericht muss zwangsläufig als Übermacht empfunden werden. Das Gefühl des Einzelnen angesichts dieser Übermacht ist das des Ausgeliefertseins.

Auf den Kommentar seines Verlegers Kurt Wolff zu der Erzählung *In der Strafkolonie*, die in ähnlich radikaler Weise das Ausgeliefertsein des Einzelnen an eine totalitäre Staatsmaschine zur Darstellung bringt wie *Der Proceß*, nämlich dass sie qualvoll und peinlich zu lesen sei, antwortete Kafka, „daß nicht nur sie peinlich ist, daß vielmehr unsere allgemeine und meine besondere Zeit gleichfalls sehr peinlich war und ist […]." (Brief vom 11. 10. 1916)

Darstellung der Deformation und Unbegreiflichkeit

Kafkas Intention ist es, wie viele andere Künstler und Intellektuelle seiner Generation, die Deformation und Unbegreiflichkeit einer Welt und Gesellschaft darzustellen, denen der Einzelne sich ausgeliefert fühlen muss und die ihm nicht mehr das Gefühl von Zugehörigkeit und Geborgenheit geben. Die Wahrnehmung der Moderne verlangt jedoch nach neuen Darstellungsformen.

Moderne Kompositionsprinzipien

Kongruenz von Form und Thema	➟ *Der Proceß* bricht mit vielen Traditionen der Gattung Roman im Hinblick auf die Funktion des Erzählers, die Zeitstruktur, die Handlungsfäden und die Figurenkonstellation. ➟ Der Fragmentcharakter entspricht dem Thema, dem Ausgeliefert-Sein des Einzelnen an eine fremde, unverständliche Welt.

Vielschichtige Komposition

Wechselbeziehung Individuum – Welt

Der traditionelle Roman, etwa bei Goethe, Keller, Fontane, zeichnet sich im Vergleich mit anderen Prosaformen des Erzählens (Novelle, Erzählung u.Ä.) neben seinem größeren Umfang durch die Vielschichtigkeit der Komposition aus. Der Roman stellt einen umfassend angelegten, weit ausgesponnenen Zusammenhang dar. Im Zentrum seines Interesses stehen eine einmalig ausgeprägte Einzelpersönlichkeit oder eine Gruppe von Individuen mit ihren Sonderschicksalen, die ins Weltgeschehen eingebettet sind, in ihrer Auseinandersetzung mit dieser Welt. Der Roman interessiert sich für die Wechselbeziehung der Menschen mit ihrer Umwelt, da er auf diese Weise ein gültiges Bild der Wirklichkeit zeichnen und diese Wirklichkeit zutreffend interpretieren will.

Innere Entwicklung

Zeit- und Raumstruktur

Das Romangeschehen wird dabei mehr von den inneren Entwicklungen der Personen als von den äußeren Taten bestimmt. Folglich umfasst die Romanhandlung in der Regel eine beträchtliche Zeitspanne, z.B. einen guten Teil der gesamten Lebenszeit des Romanhelden oder sogar mehrere Generationen. Strukturierende Merkmale für den Romanaufbau können daher auch die Zeit, der Raum und vor allem das Geschehen sein.

Erzählfigur

Als vermittelnde Instanz zwischen dem Geschehen der Romanhandlung und dem Leser wird die ebenfalls fiktive Figur des Erzählers, der das Geschehen und den Erzählvorgang im Zusammenhang und in der Überschau organisiert und kommentiert, mehr oder weniger deutlich erkennbar. Als Ich-Erzähler oder auktorialer Erzähler tritt er am deutlichsten in Erscheinung, indem er sich und den Erzählvorgang klar zur Sprache bringt. Er teilt dem Leser seine Rolle in oder Stellung zur Handlung mit, nimmt kritisch Distanz dazu, teilt dem Leser seine Entscheidungen über Auswahl und Anordnung des Geschehens mit und fordert diesen damit auf, über das Erzählte nachzudenken. Als personaler Erzähler ist er weniger deutlich erkennbar, er wählt seinen Standpunkt im Geschehen des Romans und vermittelt dieses mit einer größeren Unmittelbarkeit an den Leser. Diese Unmittelbarkeit soll den Leser zu einer Identifikation mit dem Erzählten und zu Reflexionen auffordern.

Zurückdrängen des Erzählers

Bereits an früherer Stelle ist darauf hingewiesen worden, dass Kafka in seinem Roman *Der Proceß* den Erzähler in extremem Maße zurückdrängt. Dem Leser wird der Glaube an eine das Ganze der Romanhandlung über- und durchschauende Instanz in Person eines Erzählers genommen. Stattdessen wird er unmittelbar mit dem Bewusstsein der Perspektivfigur konfrontiert.

Zeitstruktur und fehlende Entwicklung

Hinsichtlich der Zeitstruktur bleibt *Der Proceß* auf ein Jahr beschränkt. Anfang und Ende werden absolut gesetzt; es werden weder Bezüge zu einer möglichen Vorgeschichte hergestellt noch Hinweise auf eine mögliche Nachgeschichte gegeben. Die zeitliche Kreisstruktur deutet auf eine beliebige Wiederholbarkeit der Romanhandlung hin. Dadurch fehlt dem Romangeschehen auch eine Entwicklung. Die einzelnen Episoden sind in gewissem Grade vertauschbar. Spannung entsteht nicht auf ein unbestimmtes Ende hin, sondern durch die Gegensätzlichkeiten der Paradoxie.

Einsträngige Handlung

Die Romanhandlung ist einsträngig linear, Nebenhandlungen kommen nicht einmal ansatzweise vor. Wie das Verhältnis von Josef K. zu seiner Geliebten Elsa geartet ist, hätte einen traditionellen Roman vielleicht interessiert, um ein umfassendes Bild von K. zu zeichnen, doch im *Proceß* fehlt davon jede Spur.

Kein Fortspinnen neu aufgenommener Handlungsfäden

Handlungsfäden, die einmal aufgenommen sind, reißen immer wieder ab. Für einen traditionellen Roman wäre es wohl undenkbar gewesen, Josef K. so völlig unverrichteter Dinge aus der Kanzlei auf dem Dachboden wieder weggehen zu lassen. Hier gäbe es reichlich Anknüpfungspunkte, um die Handlung fortzuspinnen und Josef K. tiefer in das Gericht hineinzuführen.

Kein Figurengeflecht

Ein wichtiges Kompositionsprinzip jeder erzählenden Prosa ist es, die einzelnen Personen in ein dichtes Beziehungsgefüge einzuweben. In Kafkas Roman tauchen hingegen viele Figuren auf und verschwinden nach der betreffenden Episode wieder. Nach K.s Besuch im leeren Verhandlungszimmer begegnet er der Frau des Gerichtsdieners nicht wieder. Der Onkel, der Fabrikant und der Italiener haben lediglich die Funktion, K. an einen Helfer zu vermitteln.

Fragmentcharakter

Durch das ständige Abbrechen begonnener Entwicklungslinien erhält der Roman auch in seinem Inneren – äußerlich ist er ja dadurch, dass er nie vollendet wurde und unvollendete Kapitel enthält, ebenfalls Fragment geblieben – eine fragmentarische Gestalt. Einzigen Zusammenhalt bietet das ständige Umkreisen des Gerichts, das im Dunkeln bleibt. Doch angesichts der Konzepte des Autors von Welt und Wirklichkeit, die in dem Roman zum Ausdruck kommen, erscheint das Fragment als angemessene, ja stimmige Form. Das Undurchschaubare und Unfassbare kann nicht in einer geschlossenen, Übersicht vorgebenden Romankonzeption seine formale Entsprechung finden.

Form entspricht dem Thema

Mit dem Verzicht auf einen allwissenden Erzähler verzichtet Kafka auf die Möglichkeit, mit Hilfe eines überschaubaren Handlungsmusters, das von einem Erzähler überwacht wird, den Roman formal so anzulegen, als sei er, der Autor, in der Lage, Wirklichkeit und menschliche Existenz als etwas Zusammenhängendes, Strukturiertes, vernünftig Ergründbares darzustellen und zu deuten. Den Erfahrungen, die der Roman thematisiert, entspricht somit die formale Gestaltung. Die Menschen sind den nicht begriffenen und nicht begreifbaren Ereignissen und übermächtigen und anonymen Organisationen hilflos ausgeliefert. An der Erkennbarkeit und vernünftigen Interpretierbarkeit der Welt wird hiermit Zweifel angemeldet. Die zentrale Daseinserfahrung des Einzelnen ist das Ausgeliefertsein an eine absurde Welt.

Unerklärliche und undurchschaubare Welt

Gut hundert Jahre vor der Entstehung des *Proceß* haben die deutschen Idealisten über die Kategorie Wahrheit und ihren Bezug zur Welt nachgedacht. „[…] man muß nicht alles für wahr halten, man muß es nur für notwendig halten“ (180), sagt der Gefängniskaplan zu K. Damit zeigt er sich der Tatsache einer von Idealen entleerten, von Sachzwängen geleiteten Welt bewusst. Notwendigkeit statt Wahrheit – der Autor hat vor der Aufgabe, Wahrheit bzw. Wirklichkeit darzustellen, kapituliert. Er sieht sich nicht in der Lage, Antworten zu geben. Daher

Notwendigkeit statt Wahrheit

stellt sein Roman verstörende Fragen. Die Aufgabe des Lesers ist es, bei der eigenen Suche nach einer Antwort das Fragment weiterzudichten.

Internationale Entwicklung

Zu Beginn des 20. Jahrhunderts veränderte sich das Gesicht des Romans durch verschiedene erzählerische Innovationen. Dass fast gleichzeitig verschiedene Autoren in verschiedenen Ländern mehr oder weniger unabhängig voneinander neue Romantechniken entwickelten und einsetzten, um dem veränderten Bewusstsein gerecht zu werden, zeigt an, wie universal und tiefgreifend die darzustellenden Veränderungen waren.

Entlassung des auktorialen Erzählers

Funktionsveränderung der Literatur

Die Erzählstrategie des auktorialen Erzählers setzt den Glauben bei Autor und Publikum voraus, der Welt und den Geschehnissen in ihr einen Sinn geben oder einen darin verborgenen Sinn entdecken zu können. Dieser Glaube hat sich zum Teil bis heute bewahrt. Doch bei vielen Autoren seit dem Beginn des 20. Jahrhunderts ist diese Voraussetzung nicht mehr gegeben. Bis hin zu seiner völligen Entlassung wird der Erzähler zurückgedrängt. Die unmittelbare Konfrontation des Lesers mit dem Geschehen und den Personen erfolgt kommentarlos. Die Literatur und damit der Roman hat auch eine Funktionsveränderung erfahren:

> „Die Zeitung spielt hier für den Roman die gleiche Rolle wie, nach einer verbreiteten Auffassung, die Photographie für die moderne Malerei: in beiden Fällen scheint die mimetische [nachahmende] Funktion der Kunst, die konkrete Wiedergabe des Stofflichen oder Sinnlichen, überflüssig zu werden. Die individuelle Erfahrung wird verdrängt durch Informationen, die auf die Dauer keine Spur hinterlassen; das ‚Angebot an Material, Schicksal, Variation' muß letztlich den Eindruck des immergleichen, anonymen Geschehens hervorrufen. Die Überfülle kann auch als Leere interpretiert werden […]." (Schramke, 1974, S. 36–39)

Der Schriftsteller Dieter Wellershoff beschreibt diese Entwicklung folgendermaßen:

Zweifel an der Kompetenz des Schriftstellers

> „Der Zweifel an der Kompetenz des Schriftstellers, das menschliche Leben, oder sagen wir, die gesellschaftliche Praxis exemplarisch darzustellen, war zunächst nicht fundamental formuliert, sondern richtete sich gegen die vorherrschende traditionelle Schreibweise, das Erzählen aus der überlegenen Übersicht eines allwissenden Er-

zählers. In einer Gesellschaft mit relativ sicheren Konformitäten erschien es nicht fragwürdig, daß jemand eine ‚Gesamtschau des Lebens' haben konnte, welche die darin enthaltenen individuellen Lebensabläufe und subjektiven Erfahrungen in sich aufhob, sie sozusagen aus der Perspektive der Weisheit oder eines übergeordneten Allgemeinen, auf jeden Fall mit der Kompetenz einer tieferen und umfassenden Erfahrung zeigte, Balzac und Tolstoi schrieben so. [...] Sie zeigten zwar die Widersprüche und Krisen der Gesellschaft, aber ihre Sichtweise scheint davon nicht betroffen zu sein. Das ist erst so bei der literaturgeschichtlich jüngeren Erlebnisperspektive. Sie setzt anstelle der Übersicht des traditionellen Erzählers die verengte Sichtweise eines einzigen Individuums, also eine subjektive Optik mit all ihren Verzerrungen, Einseitigkeiten, affektiven Tönungen, die den Leser zwanghaft in sich hineinzieht. Er sitzt nicht mehr zusammen mit dem Erzähler in der Loge, sondern wird in die Situation des Akteurs versetzt, sieht alles mit den Augen beispielsweise eines Eifersüchtigen, eines Verbrechers, eines Kranken, das heißt in einer jeweils anderen Art der Entfremdung und Verstörtheit.

Subjektive Optik

Ein anscheinend unheilbarer Bruch zwischen der Gesellschaft und dem Einzelnen scheint geschehen zu sein und wird vom Schriftsteller zugunsten einer gesteigerten Intensität der subjektiven Erfahrung strukturell akzeptiert." (Wellershoff, 1986, S. 50 f.)

Die Rezeption

Werk und Wirkung

- Franz Kafkas Werk genießt hohes Ansehen in der literarischen Welt.
- Da es zur Zeit des Nationalsozialismus verboten war, setzt die Rezeption in Deutschland erst nach 1945 richtig ein.
- Wegen seiner Offenheit und Hermetik lädt *Der Proceß* zu unterschiedlichen Interpretationen ein.
- Vorliegende Deutungsvarianten legen jeweils den Schwerpunkt auf theologische, philosophische, soziologische, biographische und psychologische Aspekte.

Interpretationsprovokation und Interpretationsverweigerung

Hohes Ansehen

Franz Kafka genoss bereits zu seinen Lebzeiten hohes Ansehen als Schriftsteller, allerdings nur bei einem kleinen Kreis literarisch selbst Schöpferischer oder zumindest Interessierter. 1915 erhielt er den Fontane-Preis. Diese Wertschätzung basierte nur auf der kleinen Grundlage der wenigen Texte, die Kafka bereits zu Lebzeiten in Buchform oder in Zeitschriften veröffentlichen ließ. Seine drei Romane wurden erst nach seinem Tod gegen seinen erklärten Willen von seinem Freund Max Brod aus dem Nachlass veröffentlicht. *Der Proceß* erschien 1925.

Bruch in der Rezeptionsgeschichte

Danach war es dem Roman jedoch versagt, sich im deutschsprachigen Raum ein breiteres Publikum zu erringen. Im Zeitalter des Nationalsozialismus waren Kafkas Bücher aus zwei Gründen geächtet und verboten. Erstens galt sein literarischer Stil wie die gesamte moderne Kunst als ‚entartet'. Zweitens war Kafka Jude.

So erreichte er erst nach 1946 auf dem Umweg über den angelsächsischen Sprachraum das deutsche Publikum.

Deutungsflut

Umso vehementer setzte in der Folge die Deutungswut und -flut in Literaturkritik und -wissenschaft ein. Der Umfang der Kafka-Literatur nahm solche Ausmaße an, dass sie den deutschen Nachkriegsschriftsteller Wolfgang Hildesheimer zu dem satirischen Text „Ich schreibe kein Buch über Kafka" inspirierte.

Deutungsrichtungen

Modell literarischer Offenheit

Das Werk Franz Kafkas kann als Modell literarischer Offenheit angesehen werden. Mit seiner Schwierigkeit und Hermetik lädt es zu Deutungen der unterschiedlichsten Richtungen ein. Was im Grunde ein Zeichen für hohe literarische Qualität und universalen Bedeutungsanspruch ist, kann so schon zur Qual des Interpreten werden.

Unterschiedliche Interpretationsrichtungen

Verschiedene Hauptrichtungen der Interpretationsansätze lassen sich unterscheiden und ansatzweise grob umreißen:

Religiös orientierte Interpretationen suchen in den Werken Kafkas nach religiösen Motiven, interpretieren sie vor dem Hintergrund der jüdischen Herkunft und arbeiten fundamentale religiöse Aussagen heraus. In diesem Sinne hat sich z. B. auch Martin Buber mit Kafka beschäftigt.

Philosophisch orientierte Interpretationen basieren meistens auf dem Existentialismus und erkennen in Kafkas Werken die Ausgestaltung existentialphilosophischer Überzeugungen. Jean-Paul Sartre und Albert Camus haben Kafka in ihrem Sinne bemüht.

Soziologische Interpretationen suchen Kafkas Werke nach gesellschaftskritischen Gehalten ab.

Biographische Darstellungen untersuchen die Wechselbeziehungen zwischen Kafkas Leben und seinen Werken. So hat der Schriftsteller Elias Canetti nach der Erstveröffentlichung von Kafkas „Briefen an Felice“ den biographischen Hintergrund des Romans *Der Proceß* im Hinblick auf Kafkas Verlobung mit Felice ausführlich herausgearbeitet.

Psychologische Deutungsansätze sehen Kafkas Werke als Ausgestaltung innerer Prozesse an.

Deutungsvarianten zum *Proceß*

Der Themenkomplex Gericht – Gesetz – Schuld ist natürlich für viele Interpretationen von zentralem Interesse und ein wichtiger Ansatzpunkt. Gerade bei dieser Frage treten erhebliche Deutungsunterschiede zutage. Hans Joachim Schoeps hat ein theologisches Interesse an Kafkas Texten:

Theologische Interpretation

> „So notwendig ungewiß und im tiefsten Verstand weiterhin fragwürdig, weiterhin des Fragens würdig, weiterhin auch alle Interpretationen und Deutungen Kafkas bleiben, ist es doch für den, der sehen kann, allem Zweifel enthoben, daß in den Werken Kafkas eine zugespitzte religiöse Problematik herrscht und zumal bei den großen Romanen – wenn auch in säkularisierter Form – die zentralen Themen jüdischer Religiosität durchgetragen werden." (Schoeps, „Theologische Motive in der Dichtung Franz Kafkas", in: *Die Neue Rundschau* 62 (1951); zit. nach: Heintz [Hrsg.], 1983, S. 27)

Jüdische Religiosität

Als spezifisch jüdisch begreift Schoeps hierbei die „Unheilsgeschichte", die „Theologie des Abgefallenseins" (S. 16). Denn

Unheilsgeschichte

> „[d]as Leben in der Selbstverlorenheit und unter einem Gesetz, das vergessen, darum aber nicht aufgehoben worden ist, ist das Signum der tragischen Position Franz Kafkas. […] Das Gesetz ist unverständlich geworden, aber seine Gültigkeit für den Menschen dauert an; er bleibt hineingezwungen in die Generationskette derer, die im Gesetz tributpflichtig sind, selbst wenn sie den Tribut gar nicht mehr kennen und füglich nicht mehr entrichten können. […] Franz Kafkas große Romane ‚Das Schloß' und ‚Der Prozeß', die notwendig Fragmente geblieben sind, handeln von diesem notwendig endelosen Ringen um die Wiedereinführung in diese unbekannte Familie und dieses unbekannte Gesetz. […] Erringt der Mensch im ‚Schloß' nicht das verlorene Gesetz und damit den Besitz der Gnade, so ist im Parallelroman ‚Der Prozeß' der Vorgang ein umgekehrter: Das Gesetz geht den Menschen suchen, überfällt ihn in seiner Ahnungslosigkeit, stößt ihn in die Angst, sitzt über ihn zu Gericht und spricht sein Todesurteil. […] Die Antwort bleibt aus, weil die Frage falsch gestellt war […]; der K. des ‚Prozesses' wird gerichtet, weil er der Schuldanklage nicht angemessen begegnet ist. […] Die alles entscheidende geheimnisvolle

Suche nach dem vergessenen Gesetz

Gesetz überfällt den Menschen

Falsch gestellte Schuldfrage

Fehlendes Gefühl der Sündhaftigkeit

> Frage […] hätte nicht so gestellt werden dürfen: […] Wie kommt ein unbekanntes Gericht dazu, mir wegen einer mysteriösen Schuld einen unverständlichen Prozeß zu machen? Sondern: Kann der Prozeß mir nicht eine Schuld aufdecken, die empirisch gar nicht da ist, die aber tiefer liegt als alle empirische Schuld und am Ende noch wirklicher ist als diese? […] Es ist der religiöse Sinn des Prozeßromans, daß der eigentliche Sinnhintergrund des Prozesses der mythische Prozeß der Schuldvergegenständlichung ist, der aber unterhalb der eigentlichen Bewußtseinsebene bleibt. Die Metaphysik der unbekannten, aber realen Schuld besteht darin, daß das Gefühl der Sündhaftigkeit ausbleibt. Wäre K. zu einem durchdrungenen Sündengefühl seines Daseins überhaupt gekommen, so wäre er im Sinne des Himmels gerettet worden: denn ihm hätte dann die Möglichkeit der Reue offen gestanden, die die Sünde einsieht und suspendiert." (Schoeps, zit. nach: Heintz [Hrsg.], 1983, S. 23–25 f.)

Auch für Ingeborg Henel stellt Schuld im *Proceß* eine religiöse Kategorie dar:

Ewiges Leben durch Erkenntnis der eigenen Schuld

> „Der ‚Prozeß' ist dieses Leben der Selbstverteidigung und Rechtfertigung – ein Prozeß, der notwendigerweise verloren gehen muß, denn es gibt keinen Freispruch von der menschlichen Sündhaftigkeit. Die Gerichte, vor denen sich Josef K. verteidigen will, mit ihrem Anhang von Dienern und Frauen, deren Hilfe er sucht, dürfen nicht als Vertreter des göttlichen Gesetzes verstanden werden […]. […] In der Parabel wird Josef K. also eine andere Möglichkeit des Verhaltens gezeigt. […] Trotz ihrer zerstörerischen Wirkung muß die Erkenntnis bejaht werden, denn nur durch die Erkenntnis seiner eigenen Schuld, nur als Richter seiner selbst – und niemals durch seine Taten – kann sich der Mensch von seiner Schuld befreien und die Kraft zum ewigen Leben gewinnen." (Henel, 1963, S. 58–66)

Unkenntnis des Gesetzes ist die Schuld

Wilhelm Emrich untersucht das Werk Kafkas auf Parallelen zu den Gedanken des deutschen Existentialphilosophen Martin Heidegger. Demgemäß versteht er Schuld als eine „Existenzschuld": „Die Unkenntnis des Gesetzes ist K.s Schuld." (Emrich, 1958, S. 250) Das Gericht wird für ihn zur universalen Kategorie:

Leben als Gericht

> „Wenn überhaupt ‚alles' zum Gericht gehört, dann ist die gesamte Lebenswirklichkeit des Menschen bereits Gericht. […] Dieser Gerichtsorganismus ist also keineswegs gut oder gar göttlich. Er ist die ‚böse' Welt.

> Und es ist daher auch sinnlos, seine Beamten als göttliche Wesen zu bezeichnen, ihre Forderungen und sexuellen Triebwünsche gar als höhere religiöse Gebote zu interpretieren, die sich über jede irdische Moral erheben. [...] Der Advokat Huld ist der Vertreter aller irdischen Mächte, die den Rätseln des Daseins dadurch beikommen wollen, daß sie mit drastischem Kurzschluß einfach Glauben und Vertrauen an sie verlangen, ganz gleich, ob ihre ‚Schriften' verstanden oder nicht verstanden werden können, ob sie unglaubwürdig oder glaubwürdig sind, ob sie geistige Gründe oder Grundlosigkeit zeigen. Der Zweifel wird abgeschnitten, indem er bis ins Grenzenlose, ‚bis zur Undurchdringlichkeit' gesteigert wird. In dieser Paradoxie besteht in der Tat das Wesen der modernen Massenideologie." (Emrich, 1958, S. 262–284)

Advokat Huld als Sinnbild der Massenideologien

Peter Beicken wirft vielen Kafka-Interpreten einen grundsätzlichen Fehler vor: Sie nähmen die Schuld, die das Gericht Josef K. vorwirft, ohne Frage als tatsächliche, gegebene an. Nach ihrer Auffassung sei K. schuldig, ihnen stelle sich nur die Frage, welcher Art die Schuld sei, die ihn treffe. Aber:

> „Man muß sie vielmehr als das anerkennen, als was sie dem Helden erscheint: eine unerklärbare und unerklärte Schuld. Sie ist wesensmäßig nur eine behauptete. Denn hier steht zwischen Anklage und Angeklagtem Meinung gegen Meinung. Die Art und Weise, wie das Gericht in Erscheinung tritt, gestattet nicht, von einer göttlichen oder überirdischen Instanz zu reden, es sei denn, man hielte die pervertierte Gerichtsorganisation für eine Kafkasche Affirmation des Absoluten. Da ein rechtliches Vergehen im juristischen Sinne der Leserwirklichkeit offensichtlich nicht besteht und K.s menschliches Versagen und seine Fehler ihn kaum über das Mittelmaß hinausheben, erscheint der Tod als Strafe für dieses Leben [...] ungerechtfertigt [...]" (Beicken, 1974, S. 278)

Schuld wird nur behauptet

Thomas Anz interpretiert den Begriff Schuld vom Psychologischen her als Ergebnis der konfliktreichen Auseinandersetzung des Einzelnen mit seiner Umwelt:

> „Das moderne, um Autonomie bemühte Subjekt will sich nicht von anderen anklagen, verurteilen und hinrichten lassen, sondern nur von sich selbst. So verschiebt sich die Abhängigkeit von äußeren Autoritäten zur Abhängigkeit von einer inneren Macht: dem schlechten Gewissen, dem Bewußtsein eigener Schuld. [...] Vor allem verselbständigt

Verinnerlichung äußerer Autoritäten

Anonyme Macht als Autorität

> sich die ausgeweitete Justiz- und Gerichtsmetaphorik, die Kafka zur Veranschaulichung zwischenmenschlicher und psychischer Konflikte schon vorher gern benutzte, und entfaltet ein die autobiographische Bedeutung transzendierendes und dabei ganz zeitbezogenes Eigenleben. Mit der im August 1914 begonnenen Arbeit am ‚Prozeß' trat Kafka in ein Stadium seines Schreibens ein, in dem er die im ‚Urteil' und in der ‚Verwandlung' noch ganz direkt dargestellten Familien und Bindungskonflikte in außerfamiliäre Bereiche hinein projizierte und dadurch die Stilisierung des Persönlichen ins Allgemeine weiter vorantrieb. Vater und Mutter (und auch die Schwester) verschwinden aus dem Text; sie werden vom Autor ersetzt durch anonymere Instanzen der Macht, durch einen bürokratischen Apparat." (Anz, 1989, S. 213 ff.)

Kontroverse um die Türhüterlegende

Einen ähnlichen Fehler der Kafka-Interpretationen bezüglich der paradoxen Struktur zeigt Jörgen Kobs am Beispiel der Interpretationen zur Türhüterlegende auf. So hat z. B. Ingeborg Henel den Widerspruch zwischen den Aussagen des Türhüters aufzulösen versucht, indem sie die erste von beiden als absolut setzt und in der Folge also ein Fehlverhalten des Mannes vom Lande feststellen kann:

> „Daß der Eingang nur für ihn bestimmt ist, muß bedeuten, daß er von ihm auch hätte Gebrauch machen sollen. Es handelt sich also um ein Versäumnis des Mannes, der sein Leben vergeblich vor der offenen, für ihn bestimmten Tür verwartet hat." (Henel, 1963, S. 51)

Hierzu Kobs:

Unauflösbares Paradox

> „[…] so begeht sie den Grundfehler aller Kafkadeutung: sie sucht ein Paradox dadurch aufzulösen, daß sie eine einzige der einander relativierenden Positionen absolut setzt. Ein Paradox aber gibt keinen Spielraum, es erlaubt keine zielstrebige Entscheidungen, keine progressiven Entwicklungen, sondern nur den immer neuen, endelosen Vollzug des Zirkels, der sich im Augenblick des Todes schließt. Der Mann weiß zeitlebens nichts von dem Widersinn der Situation, in die er hineingeraten ist; und wüßte er davon schon vor seinem Tod, was hätte er mit einer solchen Einsicht gewonnen? Immer noch bliebe das Verbot des Türhüters bestehen; immer noch wäre er unfähig, das Gesetz zu betreten.
> Der Türhüter aber […] kennt das Paradoxon, in das er hineingestellt ist, von Anfang an. Auch er besitzt jene

überlegene Einsicht, welche die Beamtengestalten im Werk Kafkas auszeichnet. Seit jeher weiß er, daß er demjenigen, dem der von ihm bewachte Zugang zum Gesetz bestimmt ist, eben diesen Zugang zu verwehren hat. Wieviel qualvoller wird damit seine Situation, wie viel auswegloser, unfreier, gelähmter sein Dasein! Und solange er seine soziale Rolle durchhält, hat er keine Möglichkeit, aus ihren Paradoxien auszubrechen. Er lebt in dem Bewußtsein, das Widersinnige zu tun und es immerfort tun zu müssen.
Damit wird sein faktisches Verhalten dem des Mannes vom Lande zum Verwechseln ähnlich. Beide warten sie auf eine Erlösung durch einen höheren Ratschluß." (Kobs, 1970, S. 524 f.)

Kenntnis des Paradox als Tragik

Den gesellschaftskritischen Aspekt des bürokratischen Staatsapparates arbeitet Ernst Fischer noch stärker heraus:

„Das Warten vor dem Gesetz, vor irgendwelchen Kanzleitüren war zum Dauerzustand des österreichischen Untertanen geworden. Die Beschreibung dieses Zustands im ‚Prozeß' ist nur scheinbar traumhaft-phantastisch, in der Tat jedoch konzentriert realistisch. […] Irgendwie wird man zum ‚Fall'. […] Der zum ‚Fall' Gewordene hat es nur mit unteren Instanzen zu tun; die oberen sind ihm entrückt und rätselhaft. […] Doch im satirischen Zerrbild von einst sind unverzeichnet die Züge späterer bürokratischer Machtapparate erkennbar. Der Angsttraum hat den Alltag überwältigt. Der Gerichtshof im ‚Prozeß' […], die Kombination von verborgener Macht und sichtbar hervortretender Willkür, Erbärmlichkeit, Niedertracht, die unnahbaren Großen und die schlechtbezahlten, mißgelaunten, korrumpierten kleinen Beamten, dies alles ist aus phantastischer Satire zu gespenstischer Wirklichkeit geworden.
In der bürokratischen, den Untertanen entfremdeten Habsburger Monarchie trat die allgemeine Entfremdung deutlicher hervor als anderswo. Das Negative, das der sensible Kafka aus Familie, Vaterstadt, Monarchie, aus individueller und geschäftlicher Situation so kräftig in sich aufnahm, wurde nach dem zweiten Weltkrieg zum Grunderlebnis der kapitalistischen Welt." (Fischer, „Franz Kafka", in: *Sinn und Form* 14 (1962); zit. nach: Heintz [Hrsg.], 1983, S. 89–91 f.)

Satire der modernen Bürokratie

Theodor W. Adorno bezieht den ‚prophetischen' Gehalt von Kafkas Literatur auf die Schrecken des Nationalsozialismus:

„[…] jedenfalls zitiert der Stoffgehalt jenes Werkes eher den Nationalsozialismus als das verborgene Walten Gottes. […] Nicht bloß Kafkas Prophezeiung von Terror und Folter

Prophezeiung des nationalsozialistischen Terrors

> ward erfüllt. ‚Staat und Partei': so tagen sie auf Dachböden, hausen in Wirtshäusern wie Hitler und Goebbels im Kaiserhof, eine als Polizei installierte Verschwörerbande. Ihre Usurpation offenbart das Usurpatorische am Mythos der Macht. Im Schloß tragen die Beamten eine Spezialuniform wie die SS, die man als Paria zur Not auch sich selber zusammenflicken kann; auch die Eliten im Faschismus haben sich selbst ernannt. Verhaftung ist Überfall, Gericht Gewalttat." (Adorno, „Aufzeichnungen zu Kafka", Kap. 6, in: T. W. A., *Gesammelte Schriften*, Bd. 10, hrsg. von Rolf Tiedemann, Frankfurt/M.: Suhrkamp, 1977; zit. nach: Heintz [Hrsg.], 1983, S. 107 f.)

Die Auslegungsdebatte zur Türhüterlegende zwischen K. und dem Gefängniskaplan scheint die Situation der Kafka-Deutung vorwegzunehmen:

> „Die Schrift ist unveränderlich und die Meinungen sind oft nur ein Ausdruck der Verzweiflung darüber." (177 f.)

Literaturhinweise

Texte von Kafka

Kafka, Franz: Briefe an Felice. Frankfurt/M.: Fischer Taschenbuch Verlag, 1976.
- Briefe an Milena, erw. Neuausg. Frankfurt/M.: Fischer Taschenbuch Verlag, 1976.
- Brief an den Vater. Fassung der Handschrift, Frankfurt/M.: Fischer Taschenbuch Verlag, 1999.
- Der Proceß. Originalfassung, Frankfurt/M.: Fischer Taschenbuch Verlag, [10]2003.
- Der Prozess. Historisch-kritische Ausgabe sämtlicher Handschriften, Drucke und Typoskripte. Frankfurt/M.: Stroemfeld/Roter Stern, 1997.
- Sämtliche Erzählungen. Originalfassung, Frankfurt/M.: Fischer Taschenbuch Verlag, 1996.
- Tagebücher 1910–1923. Hrsg. von Max Brod. Frankfurt/M.: Fischer Taschenbuch Verlag, 1973.

Gesamtdarstellungen zu Kafka

Alt, Peter-André: Franz Kafka. Der ewige Sohn. 2. Aufl., München: C. H. Beck, 2008.

Anz, Thomas: Franz Kafka. München: C. H. Beck, 1989.

Beicken, Peter U.: Franz Kafka. Leben und Werk. Stuttgart: Klett, 1998.

Jahraus, Oliver: Kafka. Leben, Schreiben, Machtapparate. Stuttgart: Reclam, 2006.

Emrich, Wilhelm: Franz Kafka. Bonn: Athenäum, 1958.

Einführungen, Darstellungen, Nachschlagewerke zu Kafkas Werken

Adorno, Theodor W.: Aufzeichnungen zu Kafka. Kap. 6. In: T. W. A., Gesammelte Schriften, Bd. 10. Hrsg. von Rolf Tiedemann, Frankfurt/M.: Suhrkamp, 1977. S. 271–273.

Beicken, Peter U.: Franz Kafka. Eine kritische Einführung in die Forschung. Frankfurt/M.: Athenaion, 1974.

Binder, Hartmut: Kafka in neuer Sicht. Mimik, Gestik und Personengefüge als Darstellungsform des Autobiographischen. Stuttgart: Metzler, 1983.
- Kafka-Kommentar zu den Romanen, Rezensionen, Aphorismen und zum Brief an den Vater. München: Winkler, 1990.

Fischer, Ernst: Franz Kafka. In: *Sinn und Form* 14 (1962) S. 497–546.

Kafka-Handbuch in zwei Bänden. Hrsg. von Hartmut Binder. Bd. 1: Der Mensch und seine Zeit. Bd. 2: Das Werk und seine Wirkung. Stuttgart: Kröner, 1979.
Kobs, Jörgen: Kafka. Untersuchungen zu Bewußtsein und Sprache seiner Gestalten. Hrsg. von Ursula Brech. Bad Homburg: Athenäum, 1970.
Schoeps, Hans Joachim: Theologische Motive in der Dichtung Franz Kafkas. In: *Die Neue Rundschau* 62 (1951) S. 21–37.
Zu Franz Kafka. Hrsg. von Günter Heintz. Stuttgart: Klett, 1983.

Darstellungen zum Roman *Der Proceß*

Allemann, Beda: Franz Kafka. *Der Prozeß*. in: Der deutsche Roman II. Hrsg. von Benno von Wiese. Düsseldorf: Schwann, 1965. S. 234–290.
Beicken, Peter U.: *Der Process*. München: Oldenbourg, 1999.
Binder, Hartmut: „Vor dem Gesetz". Einführung in Kafkas Welt. Stuttgart/ Weimar: Metzler, 1993.
Bogdal, K. M. (Hrsg.): Neue Literaturtheorien in der Praxis. Textanalysen von Kafkas „Vor dem Gesetz". Opladen: Westdeutscher Verlag, 1993.
Borcherding, Gerhard u. a.: Leistungskurs Literatur: Kafkas *Prozeß* – Werk, Wirkung, Wertung. In: *Diskussion Deutsch* 10 (1979) S. 617–647.
Bräutigam, Kurt: Franz Kafka: *Der Proceß*. In: K. B.: Romanbetrachtung. Zu ihrer Didaktik und Methodik. Heidelberg: Quelle & Meyer, 1971. S. 116–129.
Canetti, Elias: Der andere Prozeß. Kafkas Briefe an Felice. München: Hanser, 1969.
Elm, Theo: *Der Prozeß*. In: Kafka Handbuch. Bd. 2. S. 420–441.
Fingerhut, Karlheinz: Franz Kafka: *Der Prozeß*. In: Deutsche Romane von Grimmelshausen bis Walser: Interpretationen für den Literaturunterricht. Hrsg. von Jakob Lehmann. Bd. I. Königstein/Ts.: Scriptor, 1983. S. 143–176.
Grosse, Wilhelm: Franz Kafka. *Der Proceß*. Lektüreschlüssel. Stuttgart: Reclam, 2006.
Henel, Ingeborg: Die Türhüterlegende und ihre Bedeutung für Kafkas *Prozeß*. In: *Deutsche Vierteljahresschrift für Literaturwissenschaft und Geistesgeschichte* 37 (1963) S. 50–70.
Krischel, Volker: Königs Erläuterungen. Franz Kafka. *Der Prozeß*. Hollfeld: Bange, 2012.
Kudszus, Winfried: Erzählperspektive und Erzählgeschehen in Kafkas *Prozeß*. In: *Deutsche Vierteljahresschrift für Literaturwissenschaft und Geistesgeschichte* 44 (1970) S. 306–317.
Müller, Michael: Erläuterungen und Dokumente. Franz Kafka. *Der Proceß*. Stuttgart: Reclam, 1996.
Neumann, Gerhard: Umkehrung und Ablenkung. Franz Kafkas „Gleitendes Paradox". In: *Deutsche Vierteljahresschrift für Literaturwissenschaft und Geistesgeschichte* 42 (1968) S. 702–744.

Nicolai, Ralf R.: Kafkas *Prozeß*. Motive und Gestalten. Würzburg: Königshausen und Neumann, 1986.
Schirrmacher, Frank (Hrsg.): Verteidigung der Schrift. Kafkas *Prozeß* – Frankfurt/M.: Suhrkamp, 1987.
Sokel, Walter: Franz Kafka: *Der Prozeß*. In: Deutsche Romane des 20. Jahrhunderts. Neue Interpretationen. Hrsg. von Paul Michael Lützeler. Königstein/Ts.: Athenäum, 1983. S. 110–127.
Zimmermann, H. D. (Hrsg.): Nach erneuter Lektüre: Franz Kafkas *Der Proceß*. Würzburg: Königshausen und Neumann, 1992.

Ergänzende Literatur

Brenner, Charles: Grundzüge der Psychoanalyse. Frankfurt/M.: Fischer Taschenbuch Verlag, 1972.
Dürrenmatt, Friedrich: Theater: Essays, Gedichte und Reden. Zürich: Diogenes, 1998.
Hermes, Eberhard: Abiturwissen Erzählende Prosa. Stuttgart: Klett, 1985.
Hofmannsthal, Hugo von: Ein Brief. In: Gesammelte Werke. Prosa II. Hrsg. von Herbert Steiner. Frankfurt/M.: Fischer Taschenbuch Verlag, 1959.
Mann, Thomas: Der Zauberberg. Frankfurt/M.: Fischer Taschenbuch Verlag, 1952.
Schramke, Jürgen: Zur Theorie des modernen Romans. München: C. H. Beck, 1974.
Wellershoff, Dieter: Die Auflösung des Kunstbegriffs. Frankfurt/M.: Suhrkamp, 1986.

I Das Gericht

Aufgabenstellung:

Das Gericht [...] nimmt Dich auf wenn Du kommst und es entläßt Dich wenn Du gehst." (181)
Erörtern Sie das Wesen des Gerichts in Franz Kafkas Roman *Der Proceß*.

Leitfragen zur Stoffsammlung:

- Durch welche Personen wird das Gericht repräsentiert?
- An welchen Örtlichkeiten ist das Gericht anzutreffen?
- Welche Anklage erhebt das Gericht?
- Welche Untersuchungsmethoden verwendet das Gericht?
- Wie geht das Gericht mit den Angeklagten um?
- Welches ist das Ergebnis des Verfahrens?

Lösung:

(Ausführung mit Gliederung)

1. Die Repräsentanten des Gerichts

1.1 Die ausführenden Beamten

Die ersten Vertreter des Gerichts, die Josef K. kennenlernt, sind die Beamten, die ihn verhaften. Sie entsprechen in keiner Weise den üblichen Vorstellungen von Vollzugsbeamten. Sie legitimieren sich nicht, klären den Gefangenen nicht auf und benehmen sich in gewissem Grade absurd. Die Groteske wird durch die beiden Henker am Schluss des Romans noch gesteigert. Sie gleichen eher Clowns aus einem Film als Vollstreckern, die ein schauriges Handwerk ausführen. Dabei geben sie immer an, an der untersten Stelle einer unvorstellbaren Hierarchie zu stehen.

1.2 Die dienenden Beamten

Hierzu ist zum Beispiel der Gerichtsdiener zu zählen. Er erfährt durch die übergeordneten Ränge persönliche Demütigungen, die ihn zwar ärgern, gegen die er sich aber nicht zur Wehr setzen kann. Indem auch Mitarbeiter aus der Bank als Vertreter des Gerichts auftauchen, deutet sich die Allgegenwart des Gerichts an.

1.3 Die untersuchenden Beamten

Auf der einen Seite werden die Untersuchungsrichter als ungeheuer fleißig beschrieben. Auf der anderen Seite wirken ihr Arbeitsmaterial und ihre Einstellung nicht seriös. Schmutz und Lüsternheit prägen immer wieder Szenen am Gericht.

1.4 Die Richter

Persönlich treten Richter nie auf. Auf Bildern werden sie in aggressiver Pose dargestellt. Auch erscheint die Göttin der Jagd als Allegorie des Gerichts, nicht die Justitia. Das Verhalten der Richter ist durch feste Rituale geprägt. Jedem geringen Richter wird schon eine große Macht zugeschrieben, die sich mit steigendem Rang noch vergrößert. Die Rangordnung der Richter scheint ins Unendliche zu reichen. Damit personifiziert sich die Undurchdringlichkeit und Unfassbarkeit des Gerichts.

1.5 Die Helfer

Josef K. ist immer wieder der Meinung, dass er Helfer für sein Verfahren werben muss. Auch diese Helfer stellen sich immer wieder als Teil der Gerichtswelt heraus. Damit wirkt der Einfluss des Gerichts als unentrinnbar.

2. Die Orte des Gerichts

2.1 Unterschiedliche Gerichte

Josef K. unterscheidet in dem Gespräch mit Advokat Huld zwischen dem Gericht im Justizpalast und dem auf dem Dachboden. Damit ist die Existenz zweier verschiedener Gerichtswelten benannt.

2.2 Das Untersuchungszimmer

Bei der ersten Verhandlung bietet sich dem Leser eine absurde Szenerie in dem Untersuchungszimmer. Räumliche Enge und dumpfe Luft wirken bedrückend auf den Angeklagten. Auch der Weg dorthin durch die lebhaften Mietskasernen unterstreicht den irrealen Charakter der Szene.

2.3 Die Kanzleien

Der Ort auf dem Dachboden ist für ein Gericht eher als ungewöhnlich anzusehen. Die Atmosphäre bedrückt K. wegen der Wärme und schlechten Luft ähnlich wie im Gerichtssaal. Dass scheinbar auf allen Dachböden Kanzleien sind, zeigt die Allgegenwart des Gerichts. Ebenso dass Örtlichkeiten wie das Zimmer Titorellis dazugehören, von denen K. es zunächst nicht angenommen hatte.

3. Das Verfahren

3.1 Die Verhaftung

Ein Grund für die Verhaftung wird nicht deutlich. Lediglich, dass das Gericht von der Schuld angezogen werde, wird genannt. Seltsamerweise verbleibt der Gefangene auch in vollkommener äußerer Freiheit. Und noch am Ende weist der Gefängniskaplan darauf hin, dass das Gericht den Gefangenen aufnehme, wenn er kommt, und entlasse, wenn er geht.

3.2 Die Anklage

Dem Angeklagten wird bei seiner Verhaftung kein Grund dafür genannt. Die Schuld wird behauptet, ohne dass dafür eine nähere Begründung gegeben wird. Auch die juristische Grundlage der Anschuldigung wird nicht aufgedeckt.

3.3 Die Untersuchungsmethoden

Als einzige Untersuchungsmethode wird dem Leser die erste Vernehmung K.s vorgestellt. Bei dieser Vernehmung wird kein konkretes Verhör durchgeführt, was allerdings auch an K.s Verhalten liegt. Sein Verhalten wird im Roman immer wieder ohne weitere Begründung als ungünstig beurteilt. Alle weiteren Verfahrensschritte vollziehen sich im Verborgenen. Erst die Hinrichtung ohne Mitteilung eines Urteils wird als Ergebnis greifbar.

4. Die Bedeutung der Gerichtswelt

4.1 Kreisbewegung

Als mögliche Strategien zur Bestreitung des Prozesses werden K. Methoden genannt, die das Verfahren dauerhaft in der Schwebe halten. Darin zeigt sich ein ewiger Kreislauf. Die Wiederholung des immer Gleichen zeigt sich auch in anderen Bereichen, z. B. in den ewig gleichen Porträts der Richter. Während die Arbeit des Gerichts eine fortwährende Geschäftigkeit zeigt, wird äußerlich jedoch kaum ein Ergebnis erfahrbar.

4.2 Anonyme Macht

Das Gericht tritt K. als anonyme, übermächtige Instanz gegenüber, die ihn in doppeltem Sinn gefangen nimmt. Bedeutsamer als das äußere Verhaftet-Sein ist die innere Fixierung K.s auf seinen Prozess. K. kann sich von dieser Macht nicht mehr lösen. Insofern ist das Gericht ein Modell für die Ausweglosigkeit.

II Die Verteidigung

Aufgabenstellung:

Analysieren Sie die Möglichkeiten zur Bestreitung des Prozesses, die der Advokat darstellt, und vergleichen Sie diese mit den Möglichkeiten, die Titorelli nennt.
Beurteilen Sie auf dieser Grundlage Josef K.s Chancen in diesem Prozess.

Lösung:

1. Die Widersprüchlichkeit

„Es werden aber bei uns in der Regel keine aussichtslosen Processe geführt" (55), behauptet der Gerichtsdiener. Merkwürdigerweise widerspricht K. dem. Auch der Onkel sieht offenbar keine Chance zum Gewinnen eines solchen Prozesses: „Einen solchen Proceß haben, heißt ihn schon verloren haben." (76)
Leni redet nicht vom Gewinnen oder Verlieren, sondern nur vom Entschlüpfen: „gegen dieses Gericht kann man sich ja nicht wehren, man muß das Geständnis machen. Machen Sie doch bei nächster Gelegenheit das Geständnis. Erst dann ist die Möglichkeit zu entschlüpfen gegeben, erst dann. Jedoch selbst das ist ohne fremde Hilfe nicht möglich" (86).

2. Die Darstellung des Advokaten

- Das Verfahren ist nicht öffentlich.
- Die Anklageschrift ist geheim, ihr Inhalt muss erraten werden.
- Alle Eingaben an das Gericht sind grundsätzlich nutzlos.
- Eine Verteidigung im eigentlichen Sinne ist nicht gestattet, sie wird vom Gericht nur geduldet.
- Als einzige Möglichkeit der Einflussnahme auf den Prozess sind die persönliche Beziehungen des Advokaten von Bedeutung, aber auch dieses Mittel ist nicht zuverlässig.
- Die Rangordnung des Gerichts ist unendlich, ebenso gibt es eine klare Hierarchie unter den Advokaten.
- Im fortgeschrittenen Stadium kann dem Advokaten der Prozess plötzlich aus der Hand genommen werden. Dann kann der Advokat keine Hilfe mehr leisten und der Angeklagte ist für ihn nicht mehr erreichbar.
- Die Möglichkeit eines Freispruchs erwähnt der Advokat nicht.
- Das Hauptziel der Verteidigung muss es sein, das Verfahren in der Schwebe zu halten.

- Als einziges Dokument der Bemühungen des Advokaten kennt K. eine Eingabe, die ihm eigentlich ohne Inhalt erscheint. Die darin enthaltenen Formulierungen scheinen mehr einem geheimen Ritual zu folgen als einer juristischen Debatte.
- So ist auch in K.s Prozess kein Fortschritt erkennbar, weshalb K. auch unzufrieden ist und den Advokaten entlassen will.

3. Titorellis Darstellung

- Das Gericht ist im Falle der Anklage grundsätzlich von der Schuld des Angeklagten überzeugt und hiervon auch nicht mehr abzubringen.
- Titorelli nennt drei mögliche Ergebnisse eines Prozesses:
- Die wirkliche Freisprechung:
  a) Der Angeklagte muss dazu nur seiner tatsächlichen Unschuld vertrauen.
  b) Die wirkliche Freisprechung hat es aber nur in früheren Zeiten einmal gegeben, in der letzten Zeit ist sie nicht mehr vorgekommen.
- Die scheinbare Freisprechung:
  a) Titorelli bürgt für K.s Unschuld.
  b) Diese lässt er sich von den Richtern seiner Bekanntschaft bestätigen.
  c) Bei einer hinreichenden Anzahl an Unterschriften spricht der zuständige Richter den Angeklagten frei.
  d) Da der Richter dazu kein Recht hat, kann es zu einer erneuten Verhaftung kommen.
  e) Das ganze Verfahren geht wieder von vorne los, so dass am Ende ein dauernder Kreislauf von Verhaftung und Freisprechung entsteht.
- Die Verschleppung:
  a) Der Prozess wird andauernd im niedrigsten Stadium gehalten.
  b) Der Angeklagte muss sich ständig mit dem Prozess beschäftigen. Es finden immer wieder Verhöre und Untersuchungen statt.
  c) Dadurch dass der Prozess am Fortschritt gehindert wird, kommt es auch nie zu einem Urteilsspruch, weder Verurteilung noch Freisprechung.

4. Josef K.s Chancen

Keiner der beiden „Experten" nennt K. einen gangbaren Weg, wie er sich in seinem Prozess behaupten kann. Die beiden bestätigen K.s Erfahrung, dass das Gericht eine vollkommen undurchschaubare Institution ist. Statt von moralischen oder juristischen Grundsätzen scheint das Gericht von absurden Traditionen und Ritualen bestimmt zu sein. Schuld oder Unschuld als Ergebnis einer juristischen Debatte kommt nicht vor. Schuld wird quasi als Axiom vorausgesetzt. Insofern kann dem Angeklagten auch kein Unschuldsbeweis gelingen.

Das Verfahren stellt sich für K. als vollkommen aussichtslos dar. Im Unterschied zu anderen Angeklagten zieht sich der Prozess bei ihm jedoch nicht unendlich in die Länge, sondern bleibt auf ein Jahr begrenzt. Ebenso wie K. nie eine Klage mitgeteilt wurde, erfährt er eine mögliche Verurteilung nur durch deren Ergebnis, die Hinrichtung. Dies scheint er aber intuitiv erahnt zu haben, da er seine Henker ja erwartet. Somit scheint der Onkel Recht zu behalten, wenn er sagt: „Einen solchen Proceß haben, heißt ihn schon verloren haben." (76)

III Die Frauen

Aufgabenstellung:

„Die Frauen haben eine große Macht" (172), sagt Josef K. zum Gefängniskaplan.
Erörtern Sie die Rolle und die Bedeutung der Frauen in Franz Kafkas Roman *Der Proceß*.

Leitfragen zur Stoffsammlung:

- Welche Frauen spielen eine Rolle?
- Welche Frauentypen lassen sich unterscheiden?
- In welcher Beziehung steht K. zu welchen Frauen?
- Welche Bedeutung haben die Frauen für die Handlung?
- In welcher Beziehung stehen die Frauen zum Gericht?
- Inwiefern haben die Frauen Macht?
- Ist diese Macht real oder besteht sie nur in K.s Vorstellung?

Lösung:

(Ausführung mit Gliederung)

1. Die Frauenfiguren

1.1 Die Mutterfigur

Die eigentliche Mutter Josef K.s wird nur einmal nebenbei erwähnt. Als eine Art Adoptivmutter tritt seine Zimmerwirtin Frau Grubach in Erscheinung. Beide sind eher als naiv-unverständig geschildert.

1.2 Die erotisch verlockenden Frauen

Fräulein Bürstner: Fräulein Bürstner ist K.s Zimmernachbarin, die er vor seiner Verhaftung kaum beachtet hatte. Die Bekanntschaft mit ihr wird ihm wichtig wegen der verursachten „Unordnung". K. verhält sich aufdringlich. Trotz Frl. Bürstners ablehnendem Verhalten küsst K. sie am Ende des Gesprächs. Diese Szene ist sprachlich mit Metaphern aus dem animalischen Bereich aufgeladen. Im weiteren Verlauf der Handlung entzieht sich Fräulein Bürstner. Die letzte Begegnung findet beim Weg zur Hinrichtung statt.

Die Frau des Gerichtsdieners: Sie wirkt bereits beim ersten Blick anziehend auf K. (Augenmotiv). Sie bietet sich K. ihrerseits an und verbindet dies mit einem Angebot der Hilfe bei Gericht. Der Student entzieht sie K.; er schultert sie und trägt sie kurzerhand weg. Dadurch wirken die Frauen wie Verfügungsobjekte. Allerdings erlangt K. durch sie Zugang zu den Kanzleien.
Leni: Auch Leni wirkt wegen ihrer auffälligen Augen attraktiv auf K. Sie übernimmt die Rolle der aktiven Verführerin, indem sie K. aus dem Gespräch mit dem Advokaten herauslockt. Auch bei ihr werden animalische Eigenarten genannt. Als Angestellte des Advokaten stellt sie für K. eine Verbindung zur Welt des Gerichts dar und berät ihn auch in dieser Hinsicht.
Die Mädchen bei Titorelli: Auf dem Weg zu Titorelli begegnet K. den Mädchen, die als aufreizend beschrieben werden. Sie gehören nach Aussage Titorellis zum Gericht und stellen den Höhepunkt der grotesken Aufdringlichkeit dar.

2. Die Verbindung mit dem Gericht

2.1 Ein Teil der Gerichtswelt

Über weitere Beziehungen zu Frauen erfährt der Leser nur in knappen Andeutungen etwas und K.s Geliebte wird nur beiläufig erwähnt. Die Frauenfiguren treten im Roman immer nur ins Blickfeld, wenn K. mit dem Gericht in Kontakt tritt. Außer Frau Grubach stehen alle Frauen in Verbindung mit der Gerichtswelt: Fräulein Bürstner will eine Stelle bei einem Advokaten annehmen. Allerdings ist ihr die Welt dieses Gerichts fremd. Sie reagiert mit Ironie auf K.s Schilderung. Alle anderen Frauen scheinen mehr oder weniger direkt zur Gerichtswelt zu gehören.

2.2 Die Macht der Frauen

Die Frau des Gerichtsdieners und Leni unterstützen K.s Bemühungen um Verteidigung bei Gericht. Obwohl K. sich den Frauen überlegen fühlt, ist er der Ansicht, dass die Frauen viel Macht bei Gericht haben. Dieser Auffassung widerspricht allerdings der Gefängniskaplan.

3. Die Frage der Schuld

3.1 Das Wesen der Anklage

K. erfährt bis zu seiner Hinrichtung nicht, weshalb er angeklagt ist. Er weist Schuld weit von sich. Das Wesen des Gerichts ist merkwürdig, trotz der Verhaftung wird K. nie seine äußere Freiheit entzogen.

3.2 Das Wesen der Schuld

Die Verhaftung wirkt von daher eher wie ein inneres Verhaftet-Sein. Das wirft die Frage auf, ob der Prozess überhaupt außerhalb von K.s innerer Vorstellung existiert. Da die Welt des Gerichts immer wieder mit Schmutz und Sexuellem assoziiert wird, kann das Gericht als Bild für Gewissenskonflikte wegen sexueller Wünsche gedeutet werden.

3.3 Biographische Aspekte

Kafka erlebte seinen Vater als übermächtige Autorität (vgl. *Brief an den Vater*). Der Vater hat Kafkas Verlobung in einer erniedrigenden Weise kommentiert. Die problematische Beziehung zu Felice Bauer bildet den biographischen Kontext zum Roman.

3.4 Der Parabelcharakter des Gerichts

Der Proceß entwirft ein Bild vom Kampf eines Individuums mit einer vernichtenden Autorität („Über-Ich“).

IV Die Schuld

Aufgabenstellung:

„Zum Schluß aber zieht es von irgendwoher wo ursprünglich gar nichts gewesen ist, eine große Schuld hervor." (119)
Erörtern Sie das Wesen der Schuld in Franz Kafkas Roman *Der Proceß*.

Leitfragen zur Stoffsammlung:

- Welche Vorwürfe werden gegen K. erhoben?
- Worauf basieren diese Vorwürfe?
- Wer behauptet diese Schuld?
- Welche Vorwürfe gesteht K. ein?
- Welche Gründe führt K. dagegen an?
- Welche Bedeutung hat die Kategorie Schuld im Roman?

Lösung:

(Ausführung mit Gliederung)

1. Schuld als Behauptung

Zu Beginn des Romans wird Josef K. gefangen genommen. Dabei wird ihm keine gesetzliche oder ethische Verfehlung als Begründung genannt. Allein das Eingreifen des Gerichts zeige schon seine Schuld, da das Gericht von der Schuld angezogen werde. Das sei Gesetz (vgl. 14). Ebenso hypothetisch muss daher K.s Unschuldsbehauptung bleiben. Wenn er das Gesetz nicht kennt, wie kann er dann von seiner Unschuld dermaßen überzeugt sein? Auch in der ersten Vernehmung K.s kommt es nicht zur Debatte über diese Frage.

2. Schuld als universale Kategorie

Es ist im Roman immer nur von Schuld die Rede, nie von einem bestimmten Delikt. Außerdem wird das Gericht von der Schuld angezogen. Gegen Ende des Romans hält das Gericht die Schuld für erwiesen, ohne dass dem Leser eine juristische Begründung deutlich würde. K. selbst weicht auch auf das Feld einer universalen menschlichen Schuld aus, wie er es im Gespräch mit dem Gefängniskaplan andeutet (vgl. 171).

3. Mögliche Verfehlungen K.s

Wenn K. in seiner geplanten Eingabe an das Gericht auf Episoden in seinem Leben eingehen und diese begründen will, hat er Verfehlungen in einer ethisch-menschlichen Dimension im Sinn. Auf dem Weg zu seiner Hinrichtung bedenkt er seine Lebenseinstellung, dass er immer mit zwanzig Händen habe in die Welt hineinfahren wollen, als möglicherweise falsch. Wenn er dann bei seiner Hinrichtung seine Weigerung, sich das Messer selbst einzubohren, als seinen letzten Fehler bezeichnet, wird die Kategorie Schuld endgültig in dem Bereich des persönlichen, charakterlichen Versagens eingeordnet. K.s Versagen besteht darin, dass er Erwartungen, von denen er annimmt, dass sie an ihn gestellt würden, nicht erfüllt. Ob sein teilweise überhebliches Verhalten dazu zu zählen ist, wird nicht klar. Es fällt aber auf, dass die Gerichtswelt immer wieder mit erotisch verlockenden Frauen verknüpft ist.

4. Biographische Hintergründe

Der Proceß kann nicht ganz losgelöst vom biographischen Hintergrund gelesen werden. Die wiederholte Ver- und Entlobung mit Felice Bauer be-zeichnete Kafka selbst als „Gerichtshof im Hotel". Durch das verächtliche Verhalten des Vaters hatte er zweifellos Defizite in seinem Selbstwertgefühl und ein belastetes Gefühl zu Frauen und zur Sexualität erworben (vgl. *Brief an den Vater*). Das Schreiben diente Kafka zur Selbstbeobachtung.

5. Psychologische Dimension

Wenn der Inhalt der Schuld weder von der Seite des Beschuldigenden noch von der Seite des Beschuldigten genau definiert wird, kann es nicht um den Inhalt der Schuld gehen. Wesentlicher wird damit der Mechanismus der Schuldzuweisung. Es ist die erdrückende (patriarchalische) Macht, die den Einzelnen unter ihre Gewalt beugt. K. wird von der anonymen Macht Gericht besiegt und unterworfen. Teilhabe an der Gemeinschaft wird für ihn nur durch die Anerkennung und Verwendung von Normen der Gemeinschaft möglich, die für ihn nicht passen. Josef K. ist damit die Allegorie des Individuums, dem von der Umwelt Normen aufgezwungen werden. Die daraus resultierende Schuldzuweisung dient zur Unterwerfung und Vernichtung des Individuums.

V Vor dem Gesetz (Textanalyse mit Erörterung)

Aufgabenstellung:

1. Interpretieren Sie die Textpassage „Vor dem Gesetz“ (174 f.).
2. Zeigen Sie auf, inwiefern diese Passage eine fokussierende Spiegelung der gesamten Romanhandlung darstellt. Berücksichtigen Sie dabei auch die Auslegungsdebatte (175–181).

Lösung:

1. Textanalyse in Grundzügen

Der Text hat Parabelcharakter. Zwei Parteien stehen sich polar gegenüber: der Mann vom Lande und das Gesetz. Der Türhüter steht dazwischen, einerseits vermittelnd, andererseits als abwehrender Repräsentant des Gesetzes. Dass der Mann zu dem Abstraktum Gesetz will, ist an sich paradox. Auf der anderen Seite wirkt das Gesetz dadurch wie ein Konkretum, gewissermaßen als eine Handlungsfigur.
Merkmale des Gesetzes sind das unübersehbare Gebäude, eine unendliche und unüberschaubare Hierarchie, die Macht über den Einzelnen und der „Glanz“. Die Einrichtung der Pforte wirkt paradox: Sie ist für den Mann bestimmt, trotzdem wird ihm der Zutritt verwehrt.
Der Türhüter ist der nach außen hin sichtbare Repräsentant dieser Institution. Er sieht sich selbst als ganz kleinen Teil der Hierarchie. Auch verkörpert er das Verhalten des hörigen Beamten: Ohne die Institution zu durchschauen, versieht er seine absurde Aufgabe mit blindem Gehorsam.
Die Motivation des Mannes für seinen Besuchswunsch bleibt offen. Ohne dass eine Notwendigkeit für seinen Besuch genannt würde, wartet er mit einer geduldigen Fixierung auf seinen möglichen Einlass. Dabei versäumt er es, die entscheidenden Fragen zu stellen, z. B. ob und wann er denn eingelassen wird. Bis zu seinem Untergang harrt er dort aus.
Das für Kafka typische gleitende Paradox ist zu erkennen. Die einzelnen Aussagen widersprechen sich scheinbar nicht, doch in ihrem Zusammenhang ergeben sie einen unauflösbaren Widerspruch. Die Parabel kann nicht aufgelöst werden, verschiedene Konkretisierungen sind möglich.

2. Erörterung

2.1 Parallelen zwischen dem Gesetz in der Legende und dem Gericht im Roman

Das Geheimnis und die Undurchschaubarkeit: Das Wesen des Gerichts bleibt geheimnisvoll. K. wird die Anklage bis zum Schluss nicht mitgeteilt. Die gesetzliche Grundlage des Gerichts wird nicht klar. Zwischen diesem Gericht und einem ordentlichen „Gericht im Justizpalast" (81) wird unterschieden. Obwohl das Gericht sich so rätselhaft präsentiert, scheinen doch viele (Onkel, Advokat, Titorelli, Fabrikant) darüber informiert zu sein.

Die Undurchdringlichkeit: K. gelingt es nicht, zu einem Richter vorzudringen. Es ist immer wieder von der unendlichen Hierarchie der Richter die Rede. Dabei wird K. nicht abgewehrt, sondern seinen Bemühungen um das Gericht begegnen dessen Vertreter stets höflich (etwa der Gerichtsdiener).

Der Beamtenapparat: Bei seinen Kontakten mit dem Gericht begegnet K. immer wieder Beamten, die selbst zugeben, die Hierarchie des Gerichts nicht zu überblicken. Doch obwohl sie nur eine ganz niedrige Stufe der Rangordnung sind und den Willen des Gerichts nicht durchschauen, sind sie doch willige Handlanger dieser Macht (Wächter, Prügler, Gerichtsdiener, Henker).

2.2 Parallelen zwischen dem Mann vom Lande und Josef K.

Die Fixierung: Obwohl er den Prozess am Anfang innerlich weit von sich schieben will, erliegt K. einer zunehmenden Fixierung. Er kann sich innerlich nicht mehr von dem Prozess lösen und beschäftigt sich andauernd damit.

Die Freiwilligkeit: „Das Gericht will nichts von Dir. Es nimmt Dich auf wenn Du kommst und es entläßt Dich wenn Du gehst" (181), charakterisiert der Gefängnisgeistliche das Verhalten des Gerichts gegenüber dem Angeklagten. Trotz seiner Verhaftung verbleibt K. in völliger äußerer Freiheit. Allerdings sucht er trotzdem ohne Vorladung den Verhandlungsort auf und fügt sich ohne äußeren Zwang in den Mechanismus des Gerichts.

Täuschung: Laut Aussage des Gefängniskaplans handelt die Türhüterlegende von der Täuschung. K. hat im Verlauf der Handlung keine Ermahnung beherzigt und bleibt unbelehrbar. Darin zeigt sich, dass er sich in dem Gericht täuscht. Aber in der Auslegungsdebatte gibt es Meinungsunterschiede, wer denn der Getäuschte sei, der Türhüter oder der Mann vom Lande. Ist K. der Getäuschte oder sind es die Gerichtsbeamten?

Der Untergang: Wie der Mann vom Lande geht K. in seiner Fixierung auf das Gericht zugrunde. Sein Prozess endet mit der Hinrichtung ohne Urteil, in die er sich trotz inneren Protestes passiv ergibt.

Das Paradoxon: Wenn Josef K. verhaftet und angeklagt ist, wieso darf er sich trotzdem frei bewegen? Wenn er sich keiner Schuld bewusst ist und das Gericht ihn frei lässt, wieso fixiert er sich innerlich so auf das Gericht, dass er nicht mehr davon loskommt? Wieso will K. sich verteidigen, wenn er nicht einmal weiß, was ihm vorgeworfen wird?

VI Gespräch mit Elsa (gestaltende Interpretation)

Aufgabenstellung:

Im Anhang der zugrunde gelegten Textausgabe findet sich das unvollendete Kapitel „Zu Elsa“ (200 f.).

1. Ordnen Sie dieses Textfragment dort in die Romanhandlung ein, wo es Ihrer Meinung nach stehen könnte. Begründen Sie Ihre Einordnung.
2. Schreiben Sie als Fortsetzung des Fragments ein Gespräch zwischen Josef K. und seiner Freundin Elsa, das sich um K.s Prozess dreht.

Lösung:

1. Einordnung mit Begründung

- Das Kapitel muss nach dem Besuch der Kanzleien und vor der Begegnung mit dem Prügler eingeordnet werden.
- In dem Fragment werden K. vom Gericht Vorwürfe wegen seines abweisenden Verhaltens gemacht. Außerdem drückt er seine Geringschätzung des Gerichts aus und fühlt sich immer noch stark und überlegen.
- Beim Besuch in den Kanzleien wird K.s überhebliche Haltung gegenüber dem Gericht und allen Personen, die mit dem Gericht in Verbindung stehen, deutlich. Er hat innerlich immer noch Distanz zum Gericht und seinem Prozess. Am Ende beschließt er, „alle künftigen Sonntagvormittage besser als diesen“ (86) verwenden zu wollen. Im Fragment ist von K.s Ablehnung einer Vorladung die Rede. Daher kann dieses Kapitel auch nicht vor dem Besuch in den Kanzleien stehen.
- In dem Kapitel „Der Prügler“ wird die zunehmende Fassungslosigkeit und emotionale Belastung K.s deutlich. Auch kann das Auftauchen der Vertreter der Gerichtswelt in der Bank als zunehmende Vereinnahmung des Gerichts bzw. umgekehrt als zunehmende Fixierung K.s gelesen werden.
- Auch im Kapitel „Der Onkel“ schwindet K.s Leugnung des Prozesses. Er gibt den Prozess zu und ist bereit, sich um seine Verteidigung zu kümmern.

2. Gespräch

Die Gestaltung des Gesprächs muss selbstverständlich individuellen Absichten folgen, aber aus dem Romanzusammenhang können folgende Inhalte und Gestaltungsmerkmale übernommen werden:

Zu Elsa

Das Augenmotiv sollte aufgegriffen werden, da es zur Charakterisierung aller Frauen im Roman beiträgt. Eventuell könnte Elsa auch wie bei Leni ein tierisches Merkmal verliehen werden. Grundsätzlich sollte Elsa auf K. erotisch verlockend wirken (wie die Frau des Gerichtsdieners). In der Szene mit Leni (vgl. 86) ist von einer Fotografie Elsas die Rede.
Elsa könnte ähnlich wie der Onkel über den Prozess informiert sein, ohne dass K. ihr schon davon berichtet hätte. Daher könnte sie K. unvermittelt danach fragen. Dabei gehört Elsa sicher nicht zur Gerichtswelt. Aber genauso vorwurfsvoll wie der Onkel könnte sie danach fragen, was er bereits unternommen hat. Auch wird sie sicherlich wie Leni die Frage nach der Schuld stellen.

Zu Josef K.

Auf die Schuldfrage könnte K. zwar eine verneinende, aber trotzdem ausweichende Antwort geben. Danach könnte er Elsa sehr ausführlich seine Erfahrungen mit und Haltungen zu dem Gericht erzählen:

- dass er das Ganze auf eine Verleumdung zurückführt;
- dass das gesamte Gerichtswesen sich als rätselhaft und undurchdringlich erweist;
- dass er innerlich den Prozess nicht zulassen will;
- dass er mit Ablehnung und Zurückweisung auf das Gericht reagieren wird;
- wie er sich bei der ersten Verhandlung verhalten hat;
- dass er das gesamte Gericht als verkommen erfahren hat (Frau des Gerichtsdieners, Kanzleien, Gesetzbücher);
- dass er es als seine Aufgabe sieht, dieses Gericht zu entlarven und bloßzustellen.

Ob K. Elsa um Hilfe bitten wird, kann man unterschiedlich entscheiden. Wahrscheinlich eher nicht, da sie nicht so eng zur Gerichtswelt gehört. Vielleicht ließe sich aber auch eine Bekanntschaft mit einem Vertreter der Gerichtswelt einflechten. Denn K. ist ja grundsätzlich der Ansicht, dass die Frauen viel Macht haben.
Gegebenenfalls ließe sich auch eine Kussszene wie bei Fräulein Bürstner als Abschluss integrieren.

Zur Sprache

Die sprachliche Gestaltung kann sich eng an K.s Auftreten bei der ersten Verhandlung anlehnen. Auch der Beginn des Fragments gibt gute Anhaltspunkte für K.s überhebliche innere Haltung.

VII Der Kampf für das Recht

Aufgabenstellung:

„Tatsächlich hätte ich mich auch aus freiem Willen in diese Dinge gewiß nicht eingemischt und meinen Schlaf hätte die Verbesserungsbedürftigkeit dieses Gerichtswesens niemals gestört." (45)

1. Kämpft Josef K. lediglich zu seiner Verteidigung oder macht er das öffentliche Interesse zu seiner Sache, indem er das Gericht bekämpft?
2. Ziehen Sie einen Vergleich zu einer anderen literarischen Figur des 18. oder 19. Jahrhunderts, die für Recht und gegen Unrecht kämpft.

Leitfragen zur Stoffsammlung:

- Welches ist das Unrecht, das K. angetan wird?
- Welche Motive stehen dahinter?
- Auf welche Art setzt K. sich zur Wehr?
- Welches ist sein Erfolg / das Ergebnis?
- Verteidigt er nur sich oder greift er das Gericht als solches an?
- Welche anderen literarischen Figuren kämpfen für Recht und Gerechtigkeit?
- Welche Motivation haben sie jeweils, welche Strategie verfolgen sie?

Lösung:

(Ausführung mit Gliederung)

1. K.s Auseinandersetzung mit dem Gericht

1.1 Das Unrecht an K.

Die gesamte Verhaftung K.s ist rätselhaft. Weder wird ihm eine Beschuldigung mitgeteilt, noch kann er sich selbst eine Schuld vergegenwärtigen. Er führt das Ganze auf Verleumdung zurück. Das Verhalten der Vertreter des Gerichts wirkt auch eher willkürlich, indem sie bei K.s Verhaftung ihren persönlichen Vorteil suchen. Der gesamte Gerichtsapparat erweckt bei ihm den Eindruck des Schmutzes und der Verworfenheit.

1.2 K.s anfängliche Reaktion

K. beschließt zunächst, gleichgültig zu reagieren, das Gericht zu ignorieren und den Prozess innerlich gar nicht zuzulassen. Bei der ersten Verhandlung fühlt er sich gegenüber dem Gericht überlegen. Er greift es wegen seiner Fragwürdigkeit an und empfindet sogar die Verpflichtung, die Welt von diesem Gericht zu befreien, indem er dessen Machenschaften entlarvt. Er versucht zunächst Informationen über das Gericht zu sammeln.

1.3 Die Entwicklung K.s

K. muss zunehmend seine Ohnmacht feststellen. Sein weiteres Vorgehen dient nur noch der eigenen Verteidigung, nicht einem allgemeinen Interesse. Er beginnt Helfer beim Gericht zu rekrutieren (Frauen, Advokat, Titorelli). Der äußeren Ohnmacht folgt auch der zunehmende innere Verfall. Als Verteidigung möchte er eine Eingabe in Form einer Lebensbeschreibung mit einer Erklärung zu jedem wichtigen Ereignis schreiben. Er erkennt damit indirekt an, dass es eine Schuld geben könnte und dass es eine universale menschliche Schuld sein muss.

1.4 Das Ergebnis von K.s Kampf

An der unfassbaren und undurchdringlichen Macht des Gerichts muss er scheitern. Man kann nur gegen einen Gegner kämpfen, den man konkret fassen kann. K.s Scheitern wird in seiner Hinrichtung offenbar. Mit diesem äußeren Untergang geht die seelische Demütigung einher.

2. Andere Figuren der Weltliteratur

Als andere Figuren, deren Kampf gegen Unrecht zentrales Thema eines literarischen Werkes ist, kommen etwa Karl Moor aus *Die Räuber* von Friedrich Schiller und die Titelfiguren aus *Wilhelm Tell* von Friedrich Schiller und *Michael Kohlhaas* von Heinrich von Kleist in Frage. Hier soll nur der Vergleich mit Karl Moor und Michael Kohlhaas kurz skizziert werden. Eine genaue Inhaltsanalyse der Werke kann an dieser Stelle nicht erfolgen.

a) Karl Moor

Karl Moors Fall

Karl Moor wird Opfer einer klar definierbaren Intrige seines Bruders. Er reagiert mit persönlicher Enttäuschung gegenüber dem vermeintlich ungerechten Verhalten seines Vaters. Die Rebellion gegen den Vater wird mit der Teilnahme an der Räuberbande allerdings zum Aufbegehren gegen eine ungerechte staatliche Autorität. Moor stellt sich dabei selbst außerhalb der Gesetze. Sein Tod ist die Sühne für seine tragische Schuld.

Gemeinsamkeiten mit Josef K.
Beide kämpfen einen Kampf gegen eine patriarchalische Ordnung aus einem Gefühl der Ohnmacht heraus. Moor erkennt die Intrige gegen ihn zu spät. K. vermutet gleich eine Verleumdung. Beide Figuren scheitern und gehen unter.

Unterschiede zwischen Moor und K.
Karl Moor stellt sich außerhalb des Gesetzes und verbündet sich für seinen Kampf mit anderen. Moor scheitert an dem tragischen Dilemma, das er wegen der Täuschung und seines Ehrenkodex Schuld auf sich geladen hat, die er büßen muss. Wo K. schon gleich die Verleumdung voraussetzt, erkennt Moor die Intrige erst, als es zur Umkehr zu spät ist. Schillers Drama *Die Räuber* handelt von moralischen Werten und der Zerstörung natür-licher Ordnungen. Josef K. wird von einer erdrückenden, anonymen Macht zerrieben. Eine Einsicht in den Sinn seines Todes gewinnt er nicht.

b) Michael Kohlhaas
Der Fall Michael Kohlhaas
Kohlhaas erleidet offenbares Unrecht und geht zunächst den Rechtsweg, um zu seinem Recht zu gelangen. Nach dessen Misserfolg nimmt er die Rolle des Outlaw an und begibt sich in die illegale Anarchie. Dieser offene Kampf gegen die bestehende Ordnung zielt klar auf den Sturz derselben. Dabei kämpft er gegen konkret identifizierbare Gegner, die zwar mächtig sind, aber nicht anonym.

Gemeinsamkeiten mit Josef K.
Beide kämpfen gegen einen als ungerecht und korrupt empfunden Apparat. Beide empfinden – Josef K. nur zeitweilig – die Verpflichtung vor der Welt, diesen Missstand zu beseitigen.

Unterschiede
Kohlhaas hat trotz der Undurchdringlichkeit der Hofgesellschaft einen konkreten Gegner. Mit seinem Kampf verfolgt er das höhere Ziel, diese Ordnung abzuschaffen. K. kämpft in erster Linie für die eigenen Interessen, ein Kampf in den Ausmaßen wie bei Kohlhaas ist nicht denkbar, K. stellt sich nie außerhalb der legalen Ordnung. Er scheitert an der gesichtslosen Anonymität der Moderne.

VIII Roman der Moderne (Erörterung)

Bittstellern droht in Peking Haft

Von Harald Maass (*Frankfurter Rundschau*, 4. März 2006)

PEKING. „Ich habe keine Angst mehr", sagte Wang Zhongfa aus dem Dorf Huaxi in der Provinz Zhejiang. Seit Jahren kämpft er mit seinen Dorfnachbarn gegen Chemiefabriken, die illegal auf dem Land der Bauern errichtet wurden. Nach einem gewaltsamen Zusammenstoß mit der Polizei im vergangenen Frühjahr sitzen drei der Dorfbewohner im Gefängnis. Wang, der selbst neun Monate hinter Gittern saß, ist mit dem Zug nach Peking gekommen, um während des Volkskongresses das Anliegen seines Dorfes vorzutragen. [...]

Seit der Kaiserzeit ist es üblich, dass Chinesen in der Hauptstadt Petitionen einbringen dürfen, um Korruptionsfälle, Ungerechtigkeiten oder einfach Nöte vorzutragen. 170 000 Petitionen seien 2005 beim Volkskongress eingegangen, berichtete die staatliche Nachrichtenagentur Xinhua: „Die Beschwerden richten sich gegen Gerichtsentscheide, Regierungsdienste oder Staatsanwälte." Die meisten Petitionen werden mit der Post geschickt. Viele Bürger reisten jedoch wie Wang selbst nach Peking, um ihren Fall vorzutragen. Südlich des Tiananmen-Platzes gibt es Hotels, die sich auf Bittsteller aus der Provinz spezialisiert haben und Informationen über die zuständigen Regierungsstellen weitergeben. Wang wohnt in einem ehemaligen Bunker unter der Erde.

Die Kritik an Behörden und Regierung ist für die Chinesen nicht ungefährlich. Weil die Provinzen die Zahl der Beschwerden möglichst gering halten wollen, schicken sie Schlägertrupps in die Hauptstadt, um die Antragsteller einzuschüchtern. Wer das politische System oder die Vorherrschaft der KP kritisiert, bekommt es zudem mit der Staatssicherheit zu tun. Bei Polizeirazzien wurden allein in dieser Woche 400 Bittsteller festgenommen, berichten Anwälte. Bekannte Bürgerrechtler und Dissidenten stehen unter Hausarrest oder wurden mit Zügen aus der Stadt gebracht.

Die Chancen für Wang, mit seiner Beschwerde beim Volkskongress Gehör zu finden, sind gering. Seit Tagen patrouillieren Sicherheitspolizisten in Zivil auf dem Platz des Himmlischen Friedens. Bittsteller vom Land werden sofort festgenommen. Wang ist dennoch optimistisch: „Vielleicht treffe ich einen guten Volksdelegierten. Dann bitte ich ihn, dass er die Sache einem hohen Führer berichtet."

Aufgabenstellung:

1. Benutzen Sie den Zeitungsartikel als Anregung und erörtern Sie, inwiefern Kafkas Roman *Der Proceß* die Erfahrungen in einer modernen Massengesellschaft darstellt.
2. Zeigen Sie dabei auch auf, inwiefern Kafka erzählerische Mittel verwendet, die mit dieser Erfahrung der Moderne kongruent sind.

Lösung:

1. Erfahrung der Moderne

Anonymer Machtapparat: Die Beamten, die Josef K. zu Beginn verhaften, verzichten darauf, sich ihm gegenüber zu legitimieren. Genauso bleiben die meisten Vertreter der Gerichtswelt, mit denen K. zu tun hat, namenlos. Die Mitglieder der Versammlung, vor der K.s erste Verhandlung stattfindet, wirken wie uniformiert und tragen eine Art Parteiabzeichen. In Person der Mitarbeiter der Bank, die bei seiner Verhaftung anwesend sind, und dem Prügler dringt dieser Machtapparat in das enge Umfeld von K.s Alltag ein.

Undurchdringlichkeit der Hierarchie: Schon die Beamten, die K. verhaften, weisen auf die Hierarchie des Gerichts hin. Alle weiteren Personen, die K. im Zusammenhang mit seinem Prozess kennenlernt, bestätigen dies. Wenn überhaupt treten immer nur niedrigste Grade in Erscheinung. K. gelingt es nicht, zu einem für seinen Prozess zuständigen Richter zu gelangen.

Beamtenapparat: Obwohl die Repräsentanten des Gerichts weder die höheren Grade zu kennen angeben noch den Sinn ihrer Tätigkeit durchschauen, lassen sie sich alle zu einem Rädchen in diesem Mechanismus degradieren. Der Prügler vollzieht brutal die Bestrafung der anderen Gerichtsbeamten wegen eines absurden Deliktes. Der Gerichtsdiener lässt sich trotz seiner Wut erniedrigen, indem seine Frau zum Richter getragen wird. Die Henker erledigen K.s Hinrichtung emotionslos wie Metzger.

Entindividualisierung, Entfremdung, Deformation: Die Gesichtslosigkeit der Repräsentanten der Gerichtswelt überträgt sich auf die Angeklagten. Die Angeklagten, die K. in den Kanzleien antrifft, wirken wie gedemütigte, gebrochene, gesichtslose Gestalten. Der Advokat demonstriert K. am Beispiel von Bloch die Dressur und Demütigung des Angeklagten. Auch K. verliert zunehmend die Fähigkeit der Selbstbestimmung. Seine Henker kommentieren gleichgültig beobachtend seinen Tod: „Wie ein Hund!“ (241)

Internalisierung der Schuld: Obwohl K. nie eine Beschuldigung und Klage bekannt gemacht worden ist, weist er die Schuld im Gespräch mit dem Gefängniskaplan nur noch halbherzig von sich, indem er eine universale Schuld des Menschen anerkennt. Damit hat er eine bloß behauptete Schuld verinnerlicht.

Notwendigkeit statt Wahrheit: Wenn der Gefängniskaplan die Notwendigkeit über die Wahrheit stellt, verabschiedet er damit eine zentrale moralische Kategorie. Im Zeitalter der Realpolitik stellt dies eine fast normal zu nennende Haltung dar, die sprachlich beschönigt wird.

2. Erzählerische Mittel

Einsträngige Handlung: Während der traditionelle Roman sich durch ein komplexes Handlungs- und Figurengeflecht auszeichnet, steht im *Proceß* nur die Handlung um K.s Prozess im Vordergrund. Begonnene Handlungsfäden reißen immer wieder ab und werden nicht mehr aufgegriffen.
Zeitstruktur: Die Handlung des Romans bleibt auf ein Jahr beschränkt. Eine Vorgeschichte spielt keine Rolle. Die einzelnen Episoden bauen nicht aufeinander auf, viele wären vertauschbar. Insofern entsteht auch kaum ein Spannungsbogen auf ein ungewisses Ende hin.
Figuren: Die Personen des Romans begegnen sich meist nur ein einziges Mal und entwickeln kaum Beziehungen zueinander, so dass kein Geflecht entstehen kann. Sie entwickeln auch häufig keine individuellen Züge, sie repräsentieren Typen statt Charaktere. K. erscheint als eine sehr isolierte Figur; er macht keine Entwicklung durch, die für die Entfaltung der Handlung entscheidend wäre.
Rolle des Erzählers: Der Erzähler des Romans ist kein auktorialer. Der Leser erhält nicht den Eindruck, dass er das Ganze der Romanhandlung durch- oder überschaut. Stattdessen ist er auf die Perspektive Josef K.s festgelegt und direkt mit seinem Bewusstsein konfrontiert. Mit diesem einsinnigen Erzählen wird dem Leser jeder Orientierungsmaßstab genommen.
Fragment: Einerseits ist der Roman nicht vollendet worden, andererseits trägt er mit seinen nicht zu Ende geführten Handlungsfäden den Fragmentcharakter bereits in sich. Auch wenn der Roman vollendet wäre, würde sich an seinem Aussagegehalt nichts Wesentliches ändern. Insofern kann das Fragment in diesem Falle als die dem Gehalt angemessene Form angesehen werden.
Aufgabe des Lesers: Dass der Erzähler durch seine Haltung und Strategie dem Leser keine Antworten anbietet, kann als moderne Erzählhaltung gesehen werden. Der Autor sieht sich nicht mehr in der Lage, eine so komplexe Welt kompetent zu deuten. Dem Leser bleibt die Aufgabe, sich die Antworten selbst zu suchen.

Stichwortverzeichnis